Beten - Neue Formen und Ideen

**Weltweites wöchentliches online-Beten,
und Bet-Cafés
mit angeschlossener Bet-Klause
und auf Wunsch mit Gebets-Begleiter**

Maria Wolf

Beten - Neue Formen und Ideen

Weltweites wöchentliches online-Beten, und Bet-Cafés mit angeschlossener Bet-Klause und auf Wunsch mit Gebets-Begleiter

Bibliografische Information der Deutschen
Nationalbibliothek: Die Deutsche Nationalbibliothek
verzeichnet diese Publikation in der Deutschen
Nationalbibliografie; detaillierte bibliografische Daten sind
im Internet über http://dnb.dnb.de abrufbar.

© Januar 2023, Maria Wolf
Herstellung und Verlag:
BoD – Books on Demand, Norderstedt

ISBN: 9783734743153

Inhaltsverzeichnis

Vorwort

Während der Corona-Pandemie hatte ich eine vage Erwartung, dass die Kirchen weltweit, und vor allem für alle Menschen leicht auffindbar, über das Internet oder die Medien, allgemein Mut und Hoffnung zusprechen würden, oder dass sie die Menschen in ihrer Verzweiflung wenigstens irgendwie medial begleiten würden.

Doch es kamen keine globalen, weit und breit bekannt gemachten Initiativen. Vielleicht sah man sich nicht zuständig für die Menschen, die sich schon so weit von der Kirche entfernt hatten, dass sie nicht die vielen regionalen online-Angebote ihrer Gemeinden suchten.

Oder man konnte sich gar nicht mehr vorstellen, dass Menschen, die sich von der Kirche abgewandt hatten, noch ein Bedürfnis nach kirchlichem Trost und nach Gebeten und Segen haben könnten. Sollte das der Fall sein, wäre das Abwandern der Gläubigen zumindest teilweise eine „selffulfilling prophecy": weil man erwartet, dass Menschen, die gegen Kirche und Christentum sind, sich entschieden abgewandt haben, versucht man gar nicht mehr, sie wieder über religiöse Handlungen hereinzuholen (nur Jugendliche umwirbt man). Statt auf religiöse Handlungen zurückzugreifen, scheint man stattdessen öfter modische Trends außerhalb oder am Rande des Religiösen aufzugreifen.

Doch ich sehe es anders, ich sehe viele Menschen, die eigentlich gerne glauben können würden, die es aber aus den verschiedensten Gründen nicht können. Ich denke, nicht wenige von ihnen wären während der Pandemie für offene kirchliche Angebote aufgeschlossen gewesen.

Deswegen habe ich mir in letzter Zeit Gedanken gemacht, wie gut erkennbare und zu findende kirchliche Angebote aussehen könnten, die auch kirchenferne Menschen berühren und ansprechen.

Ich bin auf zwei unterschiedliche – aber auch kombinierbare – Möglichkeiten gekommen und habe sie gedanklich durchgespielt.

Das eine wäre eine globale, wöchentliche Gebets-Sequenz. Sie würde vielleicht in kleinem Rahmen beginnen, um mit der Zeit global zu werden. Gut könnte ich mir Orden als Initiatoren vorstellen, aber auch andere. Wichtig wäre, dass es reichlich Information dazu gibt, so dass auch kirchenferne Menschen davon erfahren. Ein weiterer Vorteil: falls es wieder einmal eine globale Krise geben sollte (was leider nicht auszuschließen ist), dann hätte man schon die Strukturen, um die Menschen zu erreichen.

Die andere Möglichkeit wäre regional: es wären Gebet-Cafés, oder Klosterstüberl jeweils mit nebenan einer „Gebets-Klause", falls personell möglich auch mit einem Gebets-Begleiter, für Menschen, die einen solchen wünschen.

Denn das Beten ist für viele Menschen gar nicht mehr selbstverständlich, muss vielleicht oft erst wieder erlernt werden. Dabei ist es ein Grundbedürfnis der Menschen.
Gebete wären ein Angebot an die Menschen, das helfend wirkt und ist, und nicht bedrohlich. Das Bedrohliche, Einschüchternde empfinden viele in der Kirche, besonders ihr Fernstehende: befremdet von alten, unbekannten Riten und Redensweisen haben sie auch noch alte Drohungen im Ohr. Wenn Menschen sich dem Allmächtigen zuwenden, vielleicht zum allerersten mal, dann ist es ganz natürlich, dass eine Scheu und Unsicherheit besteht. Diese aufzufangen und zum Beten zu ermutigen, das wäre doch eine schöne Aufgabe für die Kirchen.

Beten und Segnen gehen leichter zum Herzen der Menschen, als theologische Überlegungen. Beten kann auch verbindend für Menschen untereinander wirken. Gebete waren und sind zentral für das religiöse Leben. So bestehen Gottesdienste zu einem sehr großen Teil aus Gebeten. In der häuslichen religiösen Praxis war das Gebet früher auch zentral. „Not lehrt beten", dieser Spruch zeigt, wie tief verwurzelt das Beten in der menschlichen Seele ist.

Ich würde es sehr schön finden, wenn Kirche und Menschen über das Gebet wieder ein wenig mehr zueinander finden könnten. Vielleicht könnte man durch das Beten der Menschen auch in der Kirche wieder offener werden für die Nöte, Hoffnungen und Sehnsüchte der Menschen, auch derer, die ferne der Kirche stehen.

Maria Wolf   München, den 24. Januar 2023

Einleitung

Beten und Segen als ur-menschliche, kulturübergreifende Bedürfnisse

Seit Urzeiten kennen Menschen die Anrufung von nicht sichtbaren, von höheren und mächtigen Wesen. Möglicherweise hat dies schon in der Steinzeit angefangen, als die Bilder von Tierwesen auf Höhlenwände gemalt wurden.

In den Religionen nennt man diese Hinwendung zum Höheren, Unfassbaren und nicht Sichtbaren „Beten".

Gebete können Bitten sein, Hilferufe oder Dank, oder einfach ein Gespräch, oder eine Ehrbezeigung. Es gibt Gebete in Gedanken oder laut ausgesprochenes Beten, Beten alleine oder in Gemeinschaft, in vorgegebenen Formen oder frei, mit Vorbeter oder ohne, mit Worten oder in Tibet mit Gebetsfahnen oder Gebetsmühlen.

Gebete können mit Opfern oder Dankesgaben verbunden werden. Sie geben dem Betenden die Möglichkeit, mit einem höheren Wesen in Beziehung zu treten.

Die Formen des Betens, und wer oder was angebetet wird, das ist sehr unterschiedlich und auch von Kultur zu Kultur oder in verschiedenen Religionen jeweils anders gestaltet.

Auch innerhalb einer Religion, wie dem Christentum, können die Formen sehr verschieden sein, man denke an das meditative Rosenkranzgebet (alleine oder in einer Gruppe), die Gottesdienstgebete, das Eucharistische Gebet, das Tischgebet, das Abend- und Morgengebet, das stille Gebet, die Meditation als Gebet, aber auch Tanz als Beten oder meditatives Singen in verschiedenen Sprachen in etwas mystischer Stimmung, wie in Taizé. Es gibt Gebetsbücher mit vorgedruckten Gebeten für bestimmte Anlässe. Und sogar Jesus selbst hat ein Gebet gelehrt, das „Vaterunser", und auch er hat am Ölberg vor seiner Kreuzigung zu seinem Gott-Vater gebetet.

Es zeigt sich, dass Beten ein urmenschliches Bedürfnis ist, und praktisch in jeder Kultur auf die eine oder andere Weise auftritt.

In Krisenzeiten können Menschen auch zu gemeinsamen Gebeten zusammen kommen, bei Unglücken oder Attentaten versammeln sich Angehörige der Opfer zu einer Gedenkfeier in einer Kirche, wo auch gebetet wird. Manchmal wird dies sogar in den Medien des Landes übertragen, meist aber nur in Ausschnitten als Nachrichtenbeitrag.

Beten kann Ängste lindern, Hoffnung schöpfen lassen, Geborgenheit vermitteln, kann helfen Lebensfragen zu formulieren und vielleicht Antworten zu finden. Und es kann, so sieht es der Gläubige, eine wahre Verbindung mit dem Göttlichen bewirken.

Früher war es in vielen Familien üblich, abends und vielleicht auch morgens ein kurzes Gebet zu sprechen, die Kinder wurden hier schon in jüngsten Jahren in natürlicher Weise an das Beten und an das Gottvertrauen herangeführt. Auch vor den Mahlzeiten wurde gemeinsam kurz gebetet und gedankt, und die Speisen vielleicht gesegnet.

Auch Lebensereignisse wurden mit Riten und Gebeten begleitet (Taufe, Heirat, Firmung/Konfirmation, Sterben, Beerdigung). Festtage wurden unter anderem mit einem Kirchgang und im Gottesdienst mit Gebeten begangen. Und auch jeden Sonntag betete man gemeinsam in der Kirche.

Es gab in vielen Wohnungen Gebetsecken, oder bayerisch „Herrgottswinkel" genannt, wo ein Kreuz oder Kruzifix und vielleicht Heiligenbilder hingen. Diese betrachtend konnte man auch gut beten, wenn man dazu das Bedürfnis hatte. In Notsituationen oder wenn jemand krank war oder im Sterben lag, konnte sich die Familie vor der Gebetsecke versammeln und gemeinsam bittend beten. Das hatte bestimmt eine sehr verbindende und oft auch etwas beruhigende Wirkung. Die Betenden konnten spüren, dass Gott in ihrer Mitte war und ihren Schmerz und ihre Angst hörte.

Frauen und manchmal Männer betraten auch mal unter tags die Kirche, um dort eine Weile andächtig und betend zur Ruhe zu kommen, Abstand vom Alltag zu nehmen, Sorgen vor Gott zu bringen, vielleicht um eine Kerze anzuzünden, um ein wenig sinnend und betend vor dem lebendigen Kerzenlicht zu verweilen. Es war ein Innehalten vor Gott, vor dem Allumfassenden.

Wie aber sieht es mit dem Beten in unseren modernen Kulturen aus?

Das ungestillte Bedürfnis: Der Mangel an Kenntnissen und Möglichkeiten des Betens und die Scheu bei vielen modernen Menschen

Heutzutage gibt es zumindest in Deutschland in nur mehr wenigen Wohnungen Gebetsecken oder Ikonen (orthodox), ein Tischgebet vor den Mahlzeiten wird kaum mehr gesprochen. Selbst in gläubigen Familien sind diese Gewohnheiten oft abhanden gekommen. Den Gottesdienst besuchen immer weniger Menschen, überwiegend die ältere Generation. Zeitliche Freiräume werden für Kommunikation im Internet und über das Smartphone genutzt. Hektik und manchmal eingebildete aber inzwischen sehr oft auch echte Zeitnot machen sich immer mehr breit.

Wer Gottesdienste gar nicht oder nur in der Schule kennen gelernt hat, oder bei dem sie schon viele Jahre zurück liegen, der tut sich oft auch schwer, „einfach mal so", aus einem inneren Bedürfnis heraus, eine Messe zu besuchen. Vielleicht besteht sogar eine gewisse Scheu, eine Kirche anders als nur aus touristischen Gründen zu betreten.

Manche empfinden es vielleicht auch als „unrecht" oder als beschämend, zu Gott zu beten, wenn sie über Jahrzehnte betont haben, dass sie keinen Gott brauchen (und in einem solchen Umfeld gelebt haben), und wenn sie die Institution Kirche sowieso als überholt wahrgenommen hatten und sie diese am liebsten abgeschafft gesehen hätten. Wenn dann sich leise ein Bedürfnis meldet, auch einmal wieder (oder erstmals) zu beten, dann wird dieses Bedürfnis vielleicht doch besser geleugnet und verdrängt, oder man schaut sich in fremden Religionen, z.B. beim Buddhismus oder in der Esoterik um.

Wo und wann sollen diese Kritiker, oder junge Menschen, oder Menschen, die viel mit Arbeit belastet sind, ihr Gebet formulieren, welche Worte sollen sie wählen?
Vielen sind die alten Formen gar nicht mehr bewusst, oder sie haben sie gar nicht kennen gelernt.

Die Kirchen als inspirierende Orte des Betens sind so manchen etwas unheimlich, sie haben dort vielleicht das Gefühl, sich in den Raum einer Sekte zu begeben, da ihnen so vieles dort fremd und möglicherweise auch düster erscheint (bei kunstgeschichtlichen Führungen ist man da lockerer, da ist man ja nur von außen ein Betrachter). Was bei Gläubigen anregend geheimnisvoll wirken kann, das kann auf jemanden, der dem Glauben fern ist, unheimlich und beunruhigend wirken. Der eine wird sich vielleicht in dieser Umgebung doch dem Gebet oder einer Art schauenden Meditation öffnen können, der andere wendet sich verunsichert ab und ist froh, wenn er wieder draußen ans helle Tageslicht kommt und in die geschäftige Alltagswelt, die er kennt.

Beten, wenn man es nie von anderen gelernt und miterlebt hat, ist nicht einfach. Aus dem Stegreif zu beten, wenn man es nie geübt hat, dürfte nicht so selbstverständlich gelingen. Und überhaupt an Beten zu denken, wenn man von Ängsten, Sorgen und Nöten bedrängt wird, ist wahrscheinlich auch nicht naheliegend, wenn es einem niemals vorgelebt wurde, oder es schon lange in der Kindheit zurück liegt. So bemerkte ich schon vor Jahrzehnten, dass Eltern, deren Kinder zwar in einen kirchlichen Kindergarten gingen, Eltern, die selbst auch noch religiös waren, dennoch bei Krankheit der Kinder kaum an das Beten zu denken schienen. Früher wäre das selbstverständlich gewesen (zusätzlich zu ärztlichen und praktischen heilenden Maßnahmen).

Und inzwischen, so wird vermutet, soll sich ja in Deutschland die Hälfte der Bevölkerung nicht mehr als Christen bezeichnen. Allerdings dürften darunter einige sein, die buddhistische Anrufungen und Gebete praktizieren, oder auch mit Naturgeistern sprechen, und dazu kommen natürlich auch noch etliche Moslems, für die das Gebet noch im Mittelpunkt steht. Aber diese alle sind - obwohl es sicher nicht wenige sind - wahrscheinlich doch der kleinere Teil der Bevölkerung.

Zu wem oder was können diejenigen beten, die sich bei gar keiner Religion oder esoterischen Richtung wohl fühlen?

Bereits vor etlichen Jahrzehnten (!) las ich in einem (ernst gemeinten) Artikel im Spiegel, dass es in den USA einen Mann gäbe, der die Computer anbeten würde und dessen Gebet hieß: „Computer unser, der du bist..." wie das christliche Vaterunser.

Aber eine Computer-Religion mit Gebeten hat sich dann doch nicht etabliert. Aber eine Computer- und Wissenschafts-Gläubigkeit ist zunehmend feststellbar, sie erinnert manchmal schon an Hörigkeit.

Aber bisher gibt es keine weiter bekannte Anbetung und religiöse Verehrung von Computern und Wissenschaft. Sie sind zu kalt, sachlich und Sachgebiets-beschränkt, zu emotionslos und abstrakt, als dass es ein erfüllendes Erlebnis wäre, sie anzubeten – glücklicherweise noch (hoffentlich ändert sich das nicht mit den KI-Robotern, die inzwischen menschliche Gefühle immer echter erscheinend simulieren können – sie fühlen nicht, aber sie simulieren und täuschen Gefühle verblüffend überzeugend vor – siehe die Roboterin Sophia, Videos sind im Internet zu finden - die Raffinesse der Vortäuschung dürfte in Zukunft noch zunehmen).

Wenn aber die Wissenschafts-Gläubigkeit nicht zu einer Wissenschafts-Religion mit Gebeten usw. führt (Gott sei Dank), dann heißt das aller Wahrscheinlichkeit nach: Menschen, die in keiner Religion zu Hause sind, können zwar eine unbewusste Sehnsucht nach dem Beten haben, aber sie wissen nicht mehr, wie sie diese Sehnsucht stillen können.

Das heißt, hier liegt eine tiefe Sehnsucht so mancher Menschen brach und wartet darauf, Erfüllung zu finden.

Das ist nicht ganz ungefährlich, denn diese Sehnsucht kann bei unglücklichen Verkettungen von Umständen und von Tyrannen (siehe Hitler) oder Scharlatanen, oder einfach Verrückten, aufgegriffen und gesteuert werden und führt dann in den Abgrund.

Ich habe erlebt, dass Menschen, die weit weg und kritisch zu Kirche und Religion stehen, dass diese Menschen Gebeten gegenüber dennoch positiv eingestellt sind. Auch wenn sie selber nicht mehr beten, ist es ihnen nicht unangenehm, wenn in Klöstern und an anderen Orten gebetet wird, und es kann sein, dass sie auch einmal einen gläubigen Freund bitten, für sie zu beten.

Das zeigt, dass das Gebet über die Grenzen der unterschiedlichen religiösen Vorstellungen und sogar Weltanschauungen hinweg verbinden kann.

Ähnliches gilt für den Segen. Während ich beim Gebet selbst eine Verbindung mit dem Göttlichen suche, so ist es beim Segen ein Dritter, der eine heilsame, wohlwollende Verbindung zwischen mir und dem Göttlichen schafft. Dem Segnenden traut man zu, dass er sich mit dem Göttlichen verbinden kann und dessen Wohlwollen auf mich herabrufen kann. Gesegnet zu werden, ist ein Geschenk. Und auch Ungläubige können manchmal positiv auf einen Segen reagieren, so habe ich erlebt, dass kirchenferne oder auch scheinbar ungläubige Menschen durchaus den österlichen Segen des Papstes „urbi et orbi" schätzen können.

Das Segnen ist auch in den unterschiedlichsten Kulturen auf unterschiedliche Weise verbreitet. Auch hierbei dürfte es sich um ein Urbedürfnis des Menschen handeln. Und auch hier können Computer, KI-Roboter und Wissenschaft nichts Entsprechendes vorweisen. Hier entsteht genauso eine größer werdende Lücke, wie beim Beten.

Wäre es nicht schön, wenn die Religionen ihre moralischen und sonstigen Ansprüche an Gläubige und Anhänger einmal vergessen könnten, und einfach ein gemeinsames Beten ohne Vorbedingungen regelmäßig anbieten würden, und dazu auch zu Beginn oder Ende einen Segen für alle, die zusehen, ohne Ansehen der Weltanschauung und der Einstellung deren, die die online-Gebetssequenz mitverfolgen – ein wöchentliches Beten und Segen für alle, die zuschauend teilnehmen möchten. So ein Angebot könnte der Sehnsucht nach Gebeten einen weltweit verbindenden Halt geben.

Weltweites Beten – öffentliche gut bekannte Online-Gebets-Sequenzen

Worin könnte das Besondere so eines Angebots im Vergleich zu anderen online-Gebetsangeboten liegen?

Natürlich gibt es längst online-Angebote, in denen man Gebetszeiten mitverfolgen kann, so z.b. die Stundengebete der Mönche von St. Ottilien (mehrmals am Tag), oder das Abendgebet aus Taizé. Bestimmt gibt es noch zahlreiche weitere Angebote.

Worin liegt dann das Besondere der hier beschriebenen Gebetssequenzen?

Niederschwellig:

Es sollten Angebote sein, die Personen, die schon lange oder noch nie etwas mit der Kirche zu tun hatten, nicht abschrecken. Es sollte immer wieder betont werden (z.B. in einer Vorinformation):

–   dass keine Voraussetzungen zu erfüllen seien, dass keinerlei Mitgliedschaft vorausgesetzt werde, man auch nicht Christ sein müsse,
–   und dass es natürlich auch jedem freigestellt sei, wie er die Gebetszeit mit verfolge: mitbetend, oder nur zuschauend, als eigene geistliche Übung, oder nur als Info, ganz oder nur stückweise, regelmäßig oder nur einmal, konzentriert oder nebenbei.
–   Jegliche denkbare Hemmschwelle sollte soweit wie möglich abgebaut werden.
–   Es sollten keine komplizierten theologischen Erörterungen dargeboten werden, dafür aber auf einer Website vielleicht Erklärungen (z.B. zum Psalmengebet, falls solches vorkommt).
–   Es sollte auch nicht zu anbiedernd und modern „aufgemotzt" sein, sondern mit einer natürlichen, aber nicht modisch aktualisierten Sprache.

– Bei der Verwendung alter Gebete könnte es Hinweise und Erklärungen zu Eigentümlichkeiten geben.

Mit dem Ziel weltweiter Verbreitung:

Sofern die Initiative nicht vom Vatikan ausgeht, dürfte der Anfang lokal sein, z.B. auf ein Land beschränkt, oder in ein paar Ländern jeweils isoliert, oder von einem Kloster, einem Orden ausgehend.

Die Vorstellung wäre aber, dass es nach und nach immer mehr Länder gibt, die an dem Beten teilnehmen, und die auch nach und nach sich zusammenschließen.

Dieser Zusammenschluss wäre nicht die Vereinheitlichung zu einer einzigen Gebetssequenz, aber vielleicht zu einem gemeinsamen Beginn, der (wegen der globalen Zeitverschiebungen aufgezeichnet) vorne weg gesendet wird. Das könnte eine Einleitung vom Vatikan sein, oder von einer weltweit bekannten Klostergemeinschaft oder einer anderen weltweiten kirchlichen Institution.

Dieser gemeinsame Beginn würde das Gefühl des weltumspannenden Betens und der Verbindung im Gebet fördern.

Wenn dies nicht möglich sein sollte, so könnte man hin und wieder Gast-Gebetssequenzen einführen, d.h. ab und zu wird im eigenen Land eine Gebetssequenz eines anderen Landes übernommen (bei fremdsprachigen Ländern müsste es Untertitel geben).

Möglicherweise offen auch für Ökumene, jüdische Religion, Islam und Teilnahme auch nicht-monotheistischer Religionen

Zu Beginn ist es sicher günstiger, wenn die Gebetssequenzen nur einer Religion und Kirche angehören (es könnten aber parallel Gebetssequenzen unterschiedlicher Kirchen und Religionen entstehen), um in Ruhe Erfahrungen zu sammeln und nicht zu viel unüberschaubares Durcheinander zu erzeugen.

Wenn sich aber das Angebot gefestigt hat, dann wäre es denkbar, auch andere Kirchen und Religionen mit hinzuzunehmen. So könnte vielleicht (bei wöchentlich stattfindenden Gebetssequenzen) die erste Woche im Monat eine ökumenische Gebetssequenz sein, dann in der nächsten Woche eine innerkirchliche, danach eine aus einer nicht-christlichen Religion (z.B. eine buddhistische Meditation), danach wieder eine innerkirchliche.

Möglich wären aber auch, jede Woche eine innerkirchliche Gebetssequenz und noch dazu dazwischen Gebetssequenzen anderer Religionen. Was wirklich funktioniert müsste dann die Praxis zeigen. Man sollte dann auch den Mut haben, etwas, das nicht gut läuft und eher schadet, wieder zu beenden oder anders zu gestalten.

Die Offenheit sollte aber wirklich erst angestrebt werden, wenn sich das ganze Projekt als stabil und fest genug dafür anfühlt, so eine Offenheit gut zu verkraften. Sie wäre aber auf jeden Fall wünschenswert, sollte aber nicht erzwungen werden.

Besonders wichtig: Große Bekanntheit durch eine groß angelegte Informations-Kampagne:

Mir ist der Begriff „Werbung" sehr unsympathisch, er klingt nach „Verkaufs-Druck", daher spreche ich lieber, wo es verständlich bleibt, von öffentlicher Information.

Der vielleicht wichtigste Unterschied zu anderen kirchlichen online-Programmen, wäre, dass über die Gebetssequenz reichlich öffentlich informiert wird. Mir ist das nicht ganz so sympathisch, aber inzwischen erreicht man kirchenferne Personen kaum mehr anders. Die Medien berichten meist nur noch über kirchliche Skandale, Streitigkeiten und Missbrauchsfälle, aber kaum mehr über interessante kirchliche Aktivitäten und tiefer gehende Themen.

Auf der anderen Seite wächst die Zahl der Menschen, die schon lange nichts mehr oder noch gar nichts mit Christentum und Kirche zu tun hatten, rapide an. Nur die allerwenigsten von ihnen werden nach den Außeninformationen (Medien, Freunde, Familie), die sie über Kirche und Christentum erhalten, auf die Idee kommen, selbst einmal kirchliche Veranstaltungen real oder online aufzusuchen oder nach kirchlichen Themen zu fragen.

So wächst die Zahl der Menschen, die überhaupt nicht mehr wissen, was ihnen mit der christlichen Religion entgeht. Und da von den Medien und der Umgebung oft so vieles an Kirche und Christentum schlecht gemacht wird, kommt ihnen gar nicht der Gedanke, dass sie etwas vermissen könnten. Diese Menschen werden sich auch nur sehr selten zu den bereits bestehenden online-Gebetsangeboten „verirren".

Ich vermute aber, dass bei einer breiten Infokampagne (die vielleicht auch hin und wieder zu wiederholen wäre) doch einige einmal neugierig bei einer Gebetssequenz reinschauen würden – und ein paar dann auch aufmerksam würden und öfters dabei wären.

Wie eine solche Informations-Kampagne aussehen könnte, davon weiter unten mehr.

Ausbau mit einer komplexeren Website und realen Gebetsräumen:

Die Gebetssequenzen würden von einer Website aus angeboten. Auf dieser Website wären noch viele andere Themen und Informationen möglich.

Auch ein angeschlossenes Forum, auf dem sich Leute austauschen, könnte interessant sein, müsste aber gepflegt werden. Welche weiteren social-media-Möglichkeiten es geben könnte, wäre zu überlegen. Die Gebets-Sequenz sollte aber zentral bleiben.

Es könnten weitere zusätzliche regelmäßige oder einmalige Themen-Gebetssequenzen entstehen, zu denen man sich auf der Website zusammenfindet, z.B. zum Thema Gesundheit und Heilen (ein Thema, das Jesus sehr wichtig war), oder Trauer und Verlust, oder Natur und Umwelt, einer aktuellen Krise, oder andere Bereiche.

Zu den online-Aktivitäten könnten, wenn das Ganze größere Bekanntheit erreicht hat, auch reale Aktivitäten kommen:

Veranstaltungen in Städten oder einfach Treffen, um sich kennen zu lernen.

Vielleicht entstünden auch ständige Räume des Betens, die einladen, die Gebetssequenz auch einmal mit anderen zusammen in einem solchen Raum anzuschauen. Oder es wird zu bestimmten Zeiten dort eigenständig gebetet, nicht geführt durch Einschalten einer Gebetssequenz, sondern still, oder mit Hilfe eines Vorbeters oder einer Ansage (siehe weiter unten unter „Bet-Café...").

Denkbar wären auch Veranstaltungen im Sinne des Betens (oder bei Interesse darüber hinaus) mit anderen Religionen.

Das Wichtigste bleiben aber das Anstreben einer weltumspannenden Gebetsverbundenheit und die Bekanntheit. Und: lieber weniger aufwendig, als im Chaos versinken.

Wer könnte mit dem weltweiten Beten beginnen?

Es gibt viele Möglichkeiten, wie ein weltweites Beten seinen Anfang nehmen könnte:

Besonders geeignet erscheinen mir bekannte klösterliche Orden, da in Klöstern eine umfangreiche Gebetspraxis gepflegt wird, und außerdem die bekannteren Klöster auch weltweit in vielen Ländern vertreten sind. Außerdem haben Mönche und Nonnen teilweise guten Kontakt zu Außenstehenden Personen, sind oft gar nicht weltfremd.

Vielleicht startet ein Kloster ein solches Pilotprojekt in seinem Land. Findet die Gebetssequenz Zuspruch, könnte das Modell auf andere Länder übertragen werden. Möglicherweise schließen sich dann auch andere Orden an, so könnten die Klöster sich in der Gestaltung abwechseln.

Eine andere Möglichkeit wäre: der Papst nimmt als weltweit bekanntester Kirchenvertreter die Aufgabe in die Hand, gründet eine Projektgruppe unter seiner Regie und fördert das Projekt und beteiligt sich selbst mit Gebeten.

Es könnten aber auch andere, nicht klösterliche, größere kirchliche

Institutionen damit beginnen, die sich in diesem Bereich voll engagieren.

Oder: eine begeisterte Laiengruppe setzt sich dafür ein und gründet eine Projektgruppe und sucht Kirchenvertreter, die sie unterstützen. Um Spendengelder zu erhalten und die Aufgaben richtig zu verteilen, wird ein Verein gegründet.

Oder eine kleine, unkonventionelle Gruppe, die von der Idee überzeugt ist, fängt irgendwo damit an, und zieht nach und nach Kreise, bis das Ganze – so Gott will - weltumspannend wird und viele Religionen mit einbezieht. Taizé wäre hier auf anderer Ebene ein Beispiel, wie etwas, das klein anfängt, mit der Zeit viel größere Kreise ziehen kann.

Welche Kirchen/Religionen sollten daran teilnehmen?

Ich persönlich fände eine bunte Vielfalt schön. Aber dabei würde die Gefahr entstehen, dass das Ganze sich verzettelt und es mehr Streit und Meinungsverschiedenheiten als nötig gäbe, und schließlich alles wieder einschläft.

Daher könnte ich mir zwei Alternativen zu einem bunt gewürfelten Durcheinander vorstellen:

Es könnten die verschiedenen Kirchen und Religionsgemeinschaften jeweils ihre eigene Weltgebetszeit einrichten, die sie ganz alleine und nur für ihre Gläubigen veranstalten. Möglicherweise ist es der am leichtesten gangbare Weg.

Die andere Möglichkeit bestünde darin, dass es jeweils unterschiedliche Gebets-Sequenzen gibt. Diese können wochenweise aufgeteilt sein, oder pro jeder Gebetszeit. Ich halte wochenweise wahrscheinlich für leichter durchführbar.
Wochenweise hieße: die verschiedenen Kirchen haben Gebetszeiten, in denen sie alleine ihre Kirche repräsentieren und auf einem eigenen Internet-Kanal (oder wie man so etwas heute nennt) sen

den, aber es gibt einmal (oder zweimal?) im Monat einen Gebetstermin, an dem eine andere Kirche für alle Kirchen eine Gebetssequenz gestaltet. Das könnte z.B. immer der erste oder der letzte Termin in einem Monat sein.

Für mich wäre es denkbar, dass nicht nur christliche, ja sogar nicht nur monotheistische Religionen an den Weltgebetszeiten teilnehmen. So könnten Buddhisten vielleicht auch einmal eine Meditation gestalten, oder Hinduisten Gebete zu ihren Göttern vorstellen.

Vielleicht wären solche „exotischen" Gebetszeiten nicht einmal im Monat einzubinden, sondern nur einmal alle drei Monate.

Vielleicht sollte man sich noch nicht gleich von Anfang an auf eine bestimmte Form des Wechsels versteifen, sondern offen darauf reagieren, was gut läuft und gut ankommt.

Zeiten

Leider werden zumindest Teile der Gebetssequenzen zuvor aufgezeichnet werden müssen, denn wenn es ein den Globus umspannendes Beten werden soll, dann gibt es ja Zeitverschiebungen von 24 Stunden.

Daher sollte eine Gebetssequenz vorab gespeichert werden (in allen Teilen), um dann zu einer vorgegebenen Zeit gesendet zu werden. Dies könnte z.B. der Sonntagabend sein: da sind die meisten Menschen wieder zu Hause, sie haben nichts mehr Großes geplant und sind vielleicht am offensten für eine solche Gebetssequenz. Aber die Sequenz wäre auch nachträglich einsehbar.

Jede Zeitzone würde sie dann zur gleichen Uhrzeit (oder ungefähr gleichen Uhrzeit, manche Kulturen haben vielleicht einen etwas anderen Tagesrhythmus) senden. Dann wüssten die Gläubigen, dass die Sequenz zwar aufgezeichnet ist, dass sie aber von vielen Gläubigen mitbetend (oder zumindest mitschauend) gleichzeitig gesehen wird. So würde eine Gemeinsamkeit entstehen. Gleichzeitig aber bliebe die Sequenz längere Zeit im Netz, so dass Menschen, die zu diesem Zeitpunkt sich nicht zuschalten können, dennoch später teilnehmen können. Oder sie können zeitlich gemeinsam mit Menschen einer anderen Zeitzone teilnehmen (z.b. mit im Ausland lebenden Verwandten oder Freunden, oder mit Menschen einer Krisenzone, z.B. bei einem Erdbeben in einem Land).

Mir erscheint eine wöchentliche Gebetssequenz am sinnvollsten. Häufiger wäre zu oft. Aber nur einmal oder zweimal im Monat würde zu der Schwierigkeit führen, dass die Menschen oft nicht mehr genau wüssten, welcher Tag es wäre (und zu träge sind, um nachzusehen), und die Gebetssequenzen bald wieder vergessen.

Information, dass es die Gebets-Sequenzen gibt, auf vielen Ebenen aber ohne Schnickschnack

Damit die weltweite Gebetszeit ein Erfolg wird, muss sie natürlich bekannt gemacht werden. Klöster, Papst und Bischöfe und Gemeinden könnten ihre Gläubigen darauf hinweisen. Aber wenn das Ganze eine gewisse Bedeutung erlangt hat, wären vielleicht auch die Medien bereit, davon zu berichten, oder die Zeiten sogar in ihr Programm mit aufzunehmen (wobei dann vielleicht die kirchliche Unabhängigkeit verloren geht).

Denkbar wären auch Plakataktionen und andere einer breiten Öffentlichkeit zugängliche Informationsmittel. Es gibt ja inzwischen etliche Formen von Werbekampagnen durch die Wirtschaft, hier könnte geprüft werden, was als Informations-Kampagne für die Gebets-Sequenzen ebenfalls geeignet wäre.

Wahrscheinlich wären jüngere Leute hauptsächlich über Social Media zu erreichen, oder vielleicht über Schulen – aber ob diese dazu bereit wären, ist fraglich, wäre aber zu prüfen. Zumindest im Religions-Unterricht könnte darauf hingewiesen werden. Wobei „Schule" ein negatives Gefühl hervorrufen könnte.

Vielleicht wären die Medien, auch die öffentlich-rechtlichen zu gewinnen, wenn man darauf hinweist, dass sie eigentlich in ihrer Berichterstattung ein sehr altes Kulturgut unseres Landes (das Christentum) sehr vernachlässigen und es damit vielleicht ungewünschten Gruppierungen überlassen.

Fantasie und Einfallsreichtum wären gefragt – das könnte vielleicht sogar Spaß machen.

Finanzierungsmöglichkeiten

All das kostet natürlich Geld. Wie könnten Gelder für das Projekt gewonnen werden, denn nicht nur die Informations-Kampagnen, sondern besonders auch die Aufrechterhaltung des Projekts an sich wird nicht kostenlos sein können.

Wenn die Kirchen darin eine wichtige Aufgabe sehen, könnte schon Geld aus den kirchlichen Kassen fließen. Es müsste dann nur in einer Projektkasse gesammelt werden, und es müsste ein Plan entwickelt werden, wer welche Summen wofür erhält. Auch dies erfordert selbst wieder Verwaltung und Gelder.

Sollten die Gelder der Kirchen nicht ausreichen, so gäbe es die Möglichkeit für den Anfang ein Crowdfunding zu starten. Später wären vielleicht regelmäßige Spendenaufrufe vor oder nach den Gebetssequenzen möglich. Auch könnten wohlhabende Personen oder Unternehmen größere Summen spenden. Es wäre dann zu überlegen, wie diese Spender geehrt werden könnten. Vielleicht würden sie auf einer dem Projekt zugeordneten eigenen Website erwähnt, oder dürften dort, falls gewünscht, ihren eigenen Bezug zum Glauben und Beten darstellen.

Aufbau einer Gebetssequenz - Vorschläge

Wie könnte eine Gebetssequenz aussehen? Hier gibt es sicher viele unterschiedliche Gestaltungsmöglichkeiten. Ich möchte hier nur ein paar nennen, die mir eingefallen sind. Es kann durchaus andere, noch besser geeignete geben.

Vorne weg sollte (vielleicht auch in den Mitteilungen der Information-Kampagne) darauf hingewiesen werden, dass jeder sich diese Gebetssequenzen anschauen kann. Er kann einfach zusehen, er kann aber auch mitbeten. Es ist keinerlei Religions-Zugehörigkeit gefordert, der Zuschauer bleibt anonym, die Veranstalter haben keine irgendwie fordernden Erwartungen an den Zuschauer.

Eine Gebetssequenz könnte zwischen 30 und 45 Minuten dauern (oder evtl. auch 60 Minuten). Sie bestünde aus verschiedenen Elementen.

Zu Beginn könnte z.B. ein Klostervertreter oder der Papst oder eine andere religiös bekannte Persönlichkeit ein kleines (oder auch längeres) Gebet sprechen (mit regional-sprachlichen Untertiteln) und vielleicht auch einen Segen. Dies könnte die internationale, die globale Seite der Gebetssequenzen verdeutlichen.

Danach wäre eine kurze Schweigezeit möglich, vielleicht mit meditativen Bildern, oder auch mit einem neutralen, nicht wechselndem Hintergrund. Meditative Musik wäre denkbar, aber vielleicht würde sie auch den einen oder anderen stören, manchem wäre das vielleicht zu spirituell, wenn er mit solche Ebenen sonst kaum Berührung hat. Hier wäre vielleicht zu experimentieren. Taizé-Lieder sind innerkirchlich beliebt, aber Kirchenfremde finden sie manchmal unangenehm, sie sollten also gut dosiert werden.

Anschließend käme der regionalere Teil. Geeignete Vertreter würden einen Impuls und ein Gebet (oder nur ein Gebet) sprechen, das zu Themen des Landes passt und in der jeweiligen Landessprache gehalten ist.

Danach wäre wieder eine kleine Schweigezeit denkbar.

Der dritte Teil würde Zuschauer mit einbeziehen. Man könnte vor einer Gebetssequenz ein Thema ausgeben, oder auf das Thema der letzten Gebetszeit zurückgreifen. Zu diesem Thema würde dann eine Möglichkeit installiert, über E-Mail, Brief oder auf andere Weise (ich kenne die digitalen Möglichkeiten nicht so genau, es sollten aber auch ältere Menschen Zugang haben) einen Beitrag zu schreiben. Dieser könnte ebenfalls ein Gebet sein, z.B. eine Gebetsbitte oder Fürbitte, oder eine positive Nachricht, wie man in einer Krise etwas gut machen konnte, so dass es eine kleine Erleichterung gab (praktisch oder seelisch). Diese Beiträge würden gesammelt und ein paar wenige würden dann im dritten Teil vorgelesen (so wie bei Talkshows die Meinungsäußerungen per Mail).

Nach einer weiteren kurzen Schweigezeit spricht der regionale Moderator noch ein kleines Gebet und spendet seinen Segen.

Danach wird nach erneuter kurzer Stille die Gebetssequenz beendet.

Krisen, die thematisiert werden könnten

Wenn einmal die Gebetssequenzen eingerichtet sind, dann dürfte es nicht allzu schwierig sein, bei auftretenden Krisen Gebetsformen für die aktuelle Krise zu finden. Das wäre wichtig, damit in der nächsten Krise die etwas kirchenferneren Menschen nicht wieder, wie in der Corona-Krise, religiös allein gelassen würden. Aber in der Corona-Krise haben sich sogar manche Gläubige von ihrer Kirche etwas im Stich gelassen gefühlt.

Daher wäre es gut, entweder die Gebets-Sequenzen schon vor einer drohenden Krise ins Leben zu rufen und zur bekannten Einrichtung zu machen, oder sich zumindest Gedanken zu machen, wie man eine solche Einrichtung im Notfall schnell auf die Beine stellen könnte. Ich weiß, das klingt sehr anspruchsvoll – doch wollen nicht auch die Kirchen ihre Gläubigen halten und neue hinzu gewinnen?

Nicht nur eine weltweite Pandemie könnte Thema einer Gebetssequenz werden, und nicht nur Krisen, die das eigene Land betreffen. Themen könnten z.B. auch sein:

Krisen – für die Gesellschaft:

Krankheitsausbrüche
Kriege
Naturkatastrophen

Panik
Naturzerstörung und Umweltverschmutzung
Klimakrise
Rechtlosigkeit (Vorsicht heikel)
Digitalisierung (eventuell)
Künstliche Intelligenz
Armut
Hunger
Spekulation und Börse (aber nicht verteufeln)
Wirtschaftskrisen hier oder in anderen Ländern
Sozialer Unfriede
Flüchtlinge
Politische Ängste
Weltanschauliche/Religiöse Entwicklung der Gesellschaft
usw.

Allgemeinere, persönlichere Themen, in denen sich der Einzelne wiederfinden kann:

Persönliche Ängste, allgemein als Ängste angesprochen
Sinnlosigkeits-Gefühle
Armut
Krankheit
Vergänglichkeit / Tod
Unverstanden sein
Hilflosigkeit
Verlust
Trennung
Sprachlosigkeit untereinander
usw.

Denkbar wären auch vorab-Ratschläge, wann und wie Bürger selbstständig beten könnten, wenn es z.B. ein Stromausfall unmöglich macht, die ausgestrahlten Gebetssequenzen mitzuverfolgen.

Im Übrigen sind der Kreativität keine Grenzen gesetzt, solange alles friedlich und die Religionen achtend verläuft. Allerdings sollte eine klare Übersichtlichkeit gewahrt bleiben, so dass sich die Zuschauer ohne Verwirrung gut orientieren können und innerlich gelassen auf die erwartete Gebetssequenz vorbereiten können.

Gebetsinhalte – was zu vermeiden wäre

Weltweite Gebete sind natürlich eine heikle Sache. In Kriegssituationen z.b. könnte der Wunsch auftauchen, dem Gegner Schlimmes zu wünschen, ihn zu verfluchen und zu verteufeln. Dazu sollten diese Gebets-Sequenzen auf gar keinen Fall dienen, gleichgültig wie schlimm der Gegner erlebt wird: in jedem Land leben Menschen wie du und ich.

Auch sollten Gebets-Sequenzen nicht mit dazu dienen, um bestimmte Personengruppen, politische Ansichten oder Religionen als besonders wertvoll und wichtig herauszustellen oder andere als minderwertig.

Gebete mit einer Meinung zu Politik, einzelnen Personen, Ansichten usw., diese Gebete können kleine nichtöffentliche Gruppen oder einzelne Personen beten, die sich in ihrer Ansicht einig sind, so dass niemand durch die Ansichten ausgeschlossen wird.

Aber bei Gebeten für die Öffentlichkeit verbietet sich dies. Auch innerhalb eines Landes dürfte es auch Ausländer aus einem befeindeten Land geben, die von solchen Hass-Gebeten schockiert und abgestoßen werden. Außerdem wäre es nicht im Sinne Jesu und würde auch die Gräben in einer Gesellschaft vertiefen, da die Kirche doch manchen noch als moralisch wertende Institution gilt – besonders dann, wenn sie im von mir gerne gehörten Sinne urteilt.

Daher ist es wichtig, dass sich keine Gruppe, keine Gemeinschaft oder kein einzelner mit einer bestimmten politischen oder gesellschaftlichen Anschauung ausgeschlossen oder gar verurteilt empfindet. Das ist zwar eine starke Einschränkung, aber es gibt dennoch viele Themen, die ausgesprochen werden können, und die allgemein menschlich sind.

Die Gebete sollten Frieden, Toleranz, Offenheit, Aufmerksamkeit, Verständnis usw. fördern.

Vermutlich müsste es eine Kontroll-Instanz geben, die zumindest hin und wieder von außen überprüft, ob die Inhalte noch ohne Hass, ohne Ausgrenzung, ohne Abwertung anderer Gruppen sind. Denn es gibt leider zu viele Menschen, die Orte suchen, um ihren Hass, ihre Abneigung und Verachtung für andere abzuladen, oder um eine politische Meinung zu verbreiten. Da bietet sich ein toleranter offener Raum leider zu sehr an. Ich vermute, da sind auch Religionsvertreter, die in Bedrängnis sind (z.B. in Kriegssituationen), nicht ganz davor gefeit. In Situationen der Angst sieht man schnell im Feind den Teufel und ist nicht mehr bereit zu sehen, dass auch der Feind seine Gründe, im Umfeld gewachsene Ansichten, oder schlechte Erfahrungen hat, oder verführt wurde, um so zu handeln, wie er es tut.

Politik, Gerichte, UNO usw. haben hier die Aufgabe, sachlich zu urteilen, die Medien tun – meist weniger sachlich – das ihre dazu. Da muss nicht auch noch eine Gebets-Sequenz mit in die gleiche Kerbe hauen und die Fronten vertiefen.

Es gibt viel zu wenig öffentliche Bereiche, in denen bewusst alle Menschen auch in Konflikt-Situationen als wertvoll (und aus religiöser Sicht von Gott geliebt) angesehen werden. Heute suchen die Medien möglichst viele Klicks für ihre Beiträge zu erhalten, und meist gelingt das mit abwertenden Texten eher als mit ausgleichenden. Und in den sozialen Medien suchen sich gerne die Gruppen zusammen (und das ist einfach menschlich verständlich), die die gleichen Feindbilder haben, so dass sich die Teilnehmer in ihrer Ansicht gegenseitig verstärken.

Auch aus diesem Grunde wäre eine für alle offene Gebetssequenz von großer Wichtigkeit, damit es einen für alle offenen Ort gibt, an dem es keine Verteufelungen, keine Ausgrenzungen und keine Abwertungen anderer gibt, sondern wo dazu im Gegensatz betont wird, dass wir alle Menschen sind und alle von Gott geschaffen.

Die einzigen Gründe für einen Ausschluss aus der Gestaltung der Gebets-Sequenzen wären, wenn die Gestalter einer Gebetszeit den Sinn nicht begreifen und etwas ganz anderes daraus machen würden (z.B. eine politische Werbeaktion), oder wenn sie unbelehrbar Hass, Ausgrenzung und Verachtung vermitteln, auch wenn es etwas unterschwellig, aber dennoch erkennbar geschieht. Eine solche Organisationsgruppe, die für ihre Region Gebetssequenzen gestaltet, sollte erst ein paarmal ermahnt werden, denn manchmal ist die abwertende Haltung so unbewusst tief verwurzelt, dass es dem anderen erst einmal gar nicht bewusst wird, dass er sich abwertend äußert. Sollte mehrmalige deutliche Ermahnung nichts fruchten, müsste ein solcher Gestalter der Gebetssequenzen leider zum Schutz der anderen ausgeschlossen werden. Der von der aktiven Teilnahme ausgeschlossene Gestalter würde aber selbstverständlich nicht aus der passiven Teilnahme als Zuschauer ausgeschlossen.

Schwierig dürfte es sein, ein Gremium zu finden, das die Kontrolle ausübt, und dem alle vertrauen. Hier wäre durch Gespräche untereinander herauszufinden, wie dies am besten gelingen könnte. Vielleicht gäbe es Anregungen in der Regel der Benediktinerklöster, die weitherzig ist, und doch den Bestand eines ordentlichen Ablaufs in Klöstern viele Jahrhunderte lang zu sichern in der Lage war.

Bet-Café, Klosterstüberl, Bet-Klause, „Gebets-Begleiter", und Mit- Betende

Ein etwas kleiner dimensioniertes Projekt als das „weltweite Beten" im Zusammenhang mit dem Beten könnten sein:

Bet-Café oder Klosterstüberl mit angeschlossener Bet-Klause und vielleicht auf Wunsch einem Gebets-Begleiter.

Bet-Café, was soll das denn sein?

Ich stelle mir dabei ein ganz normales Café, oder ein Klosterstüberl vor. Nur wird es von einem Orden, einer Kirchen-Gemeinde oder einer Diözese betrieben. Wäre es ein Orden, der bekannt ist für leckere, heimatgebundene Speisen, so könnten diese dort angeboten werden, auch zum Mitnehmen.

Und in einem Nebenraum ist ein kleiner Gebetsraum eingerichtet, die „Gebets-Klause".

Flyer und Plakate würden im Café oder im Klosterstüberl auf die Gebets-Klause hinweisen.

Das Angebot könnte verschieden aussehen:
Es wäre denkbar, dass es nur ein Raum der Stille ist, z.b. in einer belebten Fußgängerzone.
Es könnte aber auch ein Raum sein, in dem zu jeder einzelnen oder zu jeder zweiten vollen Stunde die jeweils aktuelle wöchentliche Gebets-Sequenz auf einem Bildschirm gezeigt wird.
Oder es könnte zu bestimmten Zeiten ein Rosenkranz-Gebet stattfinden. Dazu lägen Informationsblätter aus, in denen über den meditativen (und damit wieder modernen) Charakter des Rosenkranzes berichtet wird, und der Ablauf erklärt wird.
Denkbar wären auch stille, individuelle Gebete. Dafür gäbe es, wer das möchte, in Fächern verschiedene Gebets-Vorlagen, die Fächer wären dann z.b. überschrieben: „In der Not", „Bei Krankheit", „Mariengebete", „Dankgebete", „Meditatives Beten", usw. Wer möchte kann ausgedruckte Gebete auch mit nach Hause nehmen.
Es wird darauf hingewiesen, dass die Gebete auch vielfach wiederholt werden können, dass aber auch eigene Worte des Betens gefunden werden können, oder einfach Stille gut tun kann.

Ich stelle mir einen Raum vor, der freundlich ist aber gedämpft beleuchtet. Vielleicht stünde vorne eine Marienstatue oder eine Marien-Ikone. Möglicherweise könnte man davor Kerzen opfern. Um die Skulptur oder Ikone ist es dunkel, nur sie selbst wird milde angestrahlt, oder von den Kerzen beleuchtet. Kerzen mit lebendiger Flamme wirken übrigens meiner Erfahrung nach viel geheimnisvoller (und versetzen damit in einen offenen geistigen Zustand) als Kerzenimitate. Aber vielleicht ist es in einem engen Raum nicht möglich, viele Kerzen brennen zu lassen, damit die Luft nicht zu verbraucht wird. Einige größere Pflanzen (oder, wenn zu wenig Licht, Pflanzenattrappen) geben Gelegenheit, halb verborgen einen ruhigen Platz zu finden. Es gibt Stühle mit Ablage für den Gebets-Zettel (vielleicht auch mit Bänkchen zum Knien, wenn gewünscht) und einem kleinen, auf engen Raum begrenzten schwächeren Licht, damit die Texte der Gebets-Zettel gelesen werden können.

Irgendwo könnte, wie in manchen Kirchen, ein Buch ausliegen, in das Besucher, wenn sie möchten, ihr Gebets-Anliegen eintragen können.

Neben dem allgemeinen Gebets-Raum gibt es vielleicht noch angrenzend kleine, freundliche Räumlichkeiten, die man mit einem Gebets-Begleiter betreten kann (den man über eine telefonische Verbindung dazu bitten kann), oder worin schon ein Gebets-Begleiter in Bereitschaft sitzt.

Was wäre denn nun die Aufgabe des Gebets-Begleiters? Er würde sich anhören, mit welchem Anliegen (oder auch nur aus Neugier oder Orientierungslosigkeit) jemand hergekommen sei. Dann bietet er an, dass er für das Anliegen ein persönliches Gebet für den Besucher schreibt. Jemand, der darin sehr geschickt ist, könnte das aus dem Stegreif frei selbst verfassen. Doch es könnte auch eine Hilfe in Form eines speziellen Gebet-Buches geben, in dem Gebete sortiert nach verschiedenen Themen zu finden sind. Der Gebets-Begleiter würde dann ein passendes Gebet auswählen und es entsprechend anpassen. Das könnte alleine durch Einsetzung von Namen (falls gewünscht) geschehen, oder durch umfangreichere Änderung, die gemeinsam besprochen werden.
Das fertig entworfene Gebet wird dann entweder im Drucker ausgedruckt, oder der Gebets-Begleiter hat es mit der Hand (evtl. mit Durchschlag oder er kopiert es) geschrieben, falls er eine leserliche Handschrift hat. Dies würde lebendiger und persönlicher wirken. Auf das Papier könnte eine etwas edlere Umrahmung vorgedruckt sein.
Falls genügend Kräfte dafür vorhanden wären (in einem Kloster vielleicht Mönche oder Nonnen, in einer Gemeinde/Diözese Pfarrer, Diakone und Ehrenamtliche), könnte der Gebets-Begleiter auch noch anbieten, dass jemand, z.B. im Kloster, eine Kopie dieses Gebetes bekommt, um es jeden Abend zu einer bestimmten Stunde eine Woche lang auch zu beten, für den Besucher. Dann weiß der Besucher, dass er zu Hause nicht alleine betet, wenn er mehrere Tage hintereinander das Gebet spricht (vielleicht sogar zur gleichen Zeit, das bleibt ihm überlassen).
Zum Abschluss wäre denkbar, dass der Gebets-Begleiter den Besucher, falls dieser es wünscht, segnet.
Ich könnte mir auch vorstellen, dass unter dem Gebet der Ge-

bets-Begleiter noch einen Segen aufschreibt, etwas in der Art: „Jedes mal, wenn Sie (oder Du?) dieses Gebet sprechen, möge Gott, der Herr, Sie segnen." Ich weiß aber nicht, ob das liturgisch korrekt wäre.

Sollte die Beratung durch den Gebets-Begleiter sich als erfolgreich herausstellen, wäre solch ein Angebot auch in „Buden" oder Containern denkbar, an Orten, wo viele Menschen vorbeikommen.

Vielleicht gäbe es neben dem Gebetsblatt noch andere Gegenstände in der Gebets-Klause mitnehmen, die ein Besucher, wenn er das Bedürfnis hat, als Erinnerung mitnehmen könnte. Da wäre zu überlegen, welche Gegenstände dies am ehesten sein könnten. Wenn diese geweiht wären, würden das bestimmt etliche Besucher begrüßen. Solche Gegenstände können an den Besuch erinnern und an das Bedürfnis, hin und wieder zu beten, was man ja in der Hektik des Alltags schnell vergisst, obwohl es wohltuend sein könnte.

Mit dem Gebets-Begleiter (oder einer anderen dafür ausgewählten Person) wären vielleicht (bei entsprechender Ausbildung) auch Seelsorge-Gespräche möglich, Informationen zum christlichen Glauben und Adressen weiterer Anlaufstellen.

An anderen Stellen könnte übrigens auf die Bet-Klause und den Gebets-Begleiter hingewiesen werden, z.B. bei der öffentlichen Not-Seelsorge, die es in manchen Städten gibt, natürlich in Kirchen, im Rathaus, auf Ämtern, vielleicht in ärztlichen Wartesälen, oder in Geschäften, die dafür aufgeschlossen sind, in U-Bahnhöfen und Bus-Haltestellen, usw..

Die Dienste der Gebets-Klausen und der Gebets-Begleiter sollten kostenlos sein, aber es sollte auch sichtbar darauf hingewiesen werden, dass Spenden willkommen sind, da der Unterhalt dieser Einrichtung ja auch Gelder kostet (es sollten vielleicht ein paar Posten der Kosten kurz genannt werden, weil manche denken, die Kirchen wollen nur überall Geld, auch könnte erklärt werden – falls es wie bei den Orden zutreffend wäre – dass keine Kirchensteuern für das Angebot verwendet werden).

Vielleicht ließen sich auch hin und wieder Medien darauf ein, über dieses Angebot wohlwollend zu berichten.

Wie könnten die Gebete aussehen –
Gedanken dazu

Ich bin der Meinung, Gebete müssen nicht immer wieder neu formuliert werden. Gut geeignete Gebete können regelmäßig wiederholt werden. Und natürlich können auch gute, altgediente Gebete eingesetzt werden. Es geht nicht darum, dauernd etwas Neues, womöglich noch Sensationelles zu bringen, sondern es geht darum, die Herzen der Menschen zu erreichen, die Seele anzusprechen. Dies kann mit eher stillen, einfachen Gebeten besser gelingen, als mit Sensations-Hascherei und Übertreibungen.

Durchaus aber können auch menschliche Nöte und Ängste offen und frei angesprochen werden, es muss nichts beschönigt und nichts übertrieben werden. Ich glaube, Gebete sind ein Ort, wo man Dinge ansprechen und aussprechen kann, die man sonst nie die Gelegenheit und den Mut hat, sie zu thematisieren, die vielleicht auch meine Umgebung gar nicht hören will.

Wenn es dann dazu noch vorformulierte Gebete gibt, in denen man sich vielleicht teilweise wiederfindet, dann könnte es möglicherweise sogar geschehen, dass man sich manche Probleme zum ersten mal eingesteht. Vielleicht können Krankenhausseelsorger und Telefonseelsorger gute Gebete schreiben oder wertvolle Hinweise zu Themen geben.

Außerdem – so meine Beobachtung (siehe Medien, Romane, Märchen, Neugierige, usw.) – sind fast alle Menschen an Nöten anderer interessiert, und sie möchten sehen, wie diese damit umgehen. Das ist meiner Meinung nach nur selten dumpfe Sensationsgier, sondern unbewusst ist jedem klar, dass ihn auch einmal eine Notsituation treffen kann. Und dann ist es hilfreich, wenn man schon gesehen, gelesen, gehört hat, wie andere Menschen damit umgehen, und was hilft, und was nutzlos ist. Daher halte ich Gebete aus der Not heraus durchaus für viele Menschen ansprechend und interessant. Auch in den Psalmen-Gebeten wird ja oft menschliche Not geschildert, in der dann Gottes Wirken hilft.

Es sollte in den Gebeten keine plumpe Lösung angeboten werden, es wissen zu viele Menschen, dass dies normalerweise nicht funktioniert. Besser wären eher leise Hoffnungs-Schimmer, vielleicht auch nur angedeutet, das klingt glaubwürdiger und kann eher überzeugen, es auch selbst einmal probeweise mit dem Beten zu versuchen.

Persönliche, wahre Berichte über die Hilfe Gottes nach einem Gebet, wären mit Hilfe eines Gebet-Begleiters geschrieben als Dankgebet denkbar, oder an anderer Stelle der Gebets-Sequenz, nicht als Gebet sondern als Schilderung.

Das Gefühl: „meine Not ist bei Gott aufgehoben" kann zur Entspannung beitragen, so dass Lösungen erkennbar werden. Und der Herr mag auch das Seine dazu tun, wenn der Betende sich öffnet.

Ich versuche hier einmal, ein paar kleine Gebete zu entwerfen, die zeigen, wie ich selbst mir solche Gebete vorstellen könnte. Ich bin aber in dieser Hinsicht Laie und vermute, dass Priester, Mönche und Nonnen, Diakone und erfahrene Laien da viele eigene Ideen haben, vielleicht auch ganz anders geartete. Trotzdem möchte ich einfach einmal ein paar Anregungen geben.

Bei den Gebets-Sequenzen könnte es eine kurze Einleitung geben: „Heute sprechen wir ein Gebet für Menschen in Not, nämlich in einer Kriegssituation, Krankheit, …, danach folgt noch ein Lobpreis-Gebet...". Sind die Gebete kurz, könnten sie in der Gebets-Sequenz wiederholt gelesen werden, mit Pausen dazwischen.

Beispiele für Gebete: Gebete in der Not

Gebet in einer Kriegssituation, die voll Hass zu werden droht:

Wir leben im Krieg. Der Hass auf unsere Feinde ist überall gegenwärtig. Und unsere Gegner hassen vermutlich uns.
Hilf uns, trotz aller Grausamkeiten, die wir erleben, in den Soldaten auf beiden Seiten Menschen zu sehen, Menschen, die lieben, hoffen und eigentlich ein friedliches Leben führen möchten.
Hilf uns, zu erkennen, dass wir nicht so verschieden voneinander sind. Vieles Böse sagt der Gegner über uns, und vieles Böse sagen wir über den Gegner. Aber würden wir nicht unser eigenes Land als feindlich anschauen, wenn wir auf der anderen Seite aufgewachsen wären, wenn wir andere Nachrichten hören würden, wenn

wir anderes erzogen worden wären? Dann wären unsere Söhne und Töchter die Soldaten, die von den Soldaten unseres Landes verwundet und getötet würden.

Im Krieg ist es nicht mehr einfach, den Angreifer noch menschlich wahrzunehmen. Herr, hilf uns, dass wir in den Menschen und Soldaten der anderen Kriegspartei nicht nur Teufel und Unmenschen sehen, sondern dass wir hinter ihren Helmen auch menschliche Gesichter ahnen, die in Friedenszeiten vielleicht gemütlich ein Glas Wein mit uns trinken würden, und über dies und jenes plaudern würden.

Wir „unten" haben nicht viel zu entscheiden über den Verlauf des Krieges. Daher bitten wir Dich, oh Herr, lass die Politiker der Kriegsparteien ein wenig Abstand nehmen von Hass und Vernichtungsplänen, lass sie gleichzeitig ihre Friedenssehnsucht erkennen und aufeinander zugehen.

Gering sind unsere Hoffnungen, dass der Krieg bald enden könnte. Doch hilf uns, die Vorstellungen vom Frieden nicht zu vergessen und an die Möglichkeit des Friedens zu glauben. Du Herr, vermagst das Unmögliche – hilf uns in dieser verfahrenen Situation. Wir wissen keinen Ausweg. Du aber siehst in die Herzen aller Menschen, Dir sind alle nahe, die Menschen in unserem Land, und die Menschen des Feindes. Hilf uns, dass wir uns wieder verstehen und die Waffen niederlegen.

Wir danken Dir Herr, dass wir überhaupt noch eine Hoffnung auf Frieden in uns spüren können, auch wenn er vermutlich so schnell nicht kommen wird. Amen.

Oder bei Krieg nur beten um das Naheliegende:

Oh mein Herr und Gott: ich habe Angst. Ich habe Angst um meine Familie, um meine Liebsten, um die Soldaten an der Front. Und ich fürchte mich vor Angriffen, fürchte nicht rechtzeitig den Schutzraum zu erreichen. Was ist, wenn mich eine Bombe erwischt? Was, wenn ich zusehen muss, wie jemand neben mir getötet wird?

Oh Herr, bitte lass mich nicht kopflos werden vor Angst, gib mir auch jetzt die Kraft für meine Aufgaben, die ja immer noch Tag für Tag erledigt werden müssen, hilf mir diese Kraft zu behalten. Und lass mich in meiner Furcht nicht übersehen, dass auch andere sich fürchten. Gib mir den Mut, Trost zu spenden, wo Hoffnung so weit weg ist.

Oh Herr, lass mich nicht alleine in dieser schrecklichen Welt. Hilf mir, dass mein Glauben stärker wird und mir Kraft und Vertrauen gibt, dass alles seinen Sinn hat, und dass, in welche Situation ich auch kommen mag, Du bei mir bist, Du mich siehst und verstehst. Lass mich fühlen, dass Du es vermagst, in den schlimmsten Situationen mir nahe zu sein und mir Trost und den notwendigen Mut und das so unerlässliche Durchhaltevermögen zu schenken.

Ich weiß nicht mehr, wie ich das alles aushalten soll, bitte hilf mir, denn ich weiß, Du vermagst so viel. Amen.

Bei einer Seuche:

Herr, wir haben Angst – Angst uns anzustecken und schwer zu erkranken oder zu sterben. Wir haben auch Angst, andere zu infizieren. Die Angst hat uns fest im Griff.

Wie kann ich mich von dieser Angst etwas befreien? Herr, ich bitte Dich, zeige mir Wege, mit der Situation gelassener, aber nicht leichtfertig, umzugehen. Lass mich begreifen, dass das Leben immer gefährdet ist, dass ich aber in Dir geborgen bin, was immer auch geschehen mag.

Meine Vorstellungskraft reicht nicht aus, mir auszumalen, wie ich damit leben könnte, wenn ich nach einer Infektion schwer behindert oder voller Schmerzen leben müsste, oder wenn ich ungewollt andere mit dieser schweren Krankheit infiziert habe. Schenke mir ein weites Herz, in dem auch diese schlimmen Vorstellungen mein Herz nicht zerdrücken. Hilf mir, aus meinem Angst-Kokon zu schlüpfen, und auch in dieser schweren Situation handlungsfähig zu bleiben, und auch anderen helfen zu können.

Herr, ich hoffe auf Dich und ich danke Dir, dass ich Dich bitten darf. Deine Wege sind unergründlich, aber ich vertraue Dir, was immer auch geschehen mag. Stärke meinen Glauben. Amen.

Oder, wenn um mich herum viele an der Seuche sterben:

Oh Herr, ich fühle mich, als könnte ich all das Sterben um mich herum nicht mehr lange ertragen. Und ich habe so eine große Angst um meine Liebsten, auch um mich, aber noch mehr um die Menschen, die ich liebe, die ich brauche, die für mich doch so wichtig sind. Was wäre mein Leben ohne sie, ich kann es mir gar nicht vorstellen, alles erscheint mir dann hohl und leer und sinnlos. Am liebsten würde ich mich verkriechen und nichts mehr um mich herum wahrnehmen.

Aber ich werde gebraucht. Ich muss meine Arbeit tun, noch mehr und länger als sonst, obwohl ich vor Trauer fast kraftlos bin.

Oh mein Herr und Gott, bitte schenke mir die Kraft durchzuhalten, lass mich vor Trauer nicht aufgeben. Ich fühle, ich kann bald nicht mehr, wenn es noch länger so weiter geht.

Doch Du, oh Herr, hast schon so vielen Menschen in verzweifelten Situationen Mut und Kraft und Hoffnung geschenkt.

Ich kann mich nicht mehr selbst aus diesem Sumpf an Angst, Schrecken und Traurigkeit heraus ziehen. Hilf mir, ich alleine schaffe es nicht.

Ich danke Dir, dass ich vor Dir meine Verzweiflung offen zeigen darf, dass ich mich Dir anvertrauen darf. Ich spüre, von Dir darf ich innerlich Hilfe erhoffen. Bitte begleite mich in den kommenden Tagen, ich brauche Dich und Deine Nähe. Danke. Amen.

Bei einer Katastrophe:

Herr, wir haben fast alles verloren: Haus und Gut, Freunde und geliebte Menschen. Ich kann es nicht fassen, ich bin gelähmt vor Entsetzen. Ich kann mir nicht vorstellen, wie es weiter gehen kann, ich sehe keinen Sinn mehr in meinem Dasein, ich habe keinen Lebenswillen mehr, keine Kraft mehr, weiter zu machen. Hilf mir! Ich kann nicht mehr.

Ich werde dankbar sein, für jede kleinste Hoffnung, für jede kleinste Ermutigung – aber im Moment finde ich sie nicht. Komm mir entgegen, ich weiß nicht mehr weiter.

Ich werde Dir, oh Herr, mein Entsetzen, mein Grauen, meine Lähmung, meine Kraftlosigkeit, meine Trauer, die mir bodenlos erscheint, immer und immer wieder entgegen rufen, bis Du mir einen Lichtschimmer zeigst, auch wenn er noch so klein ist.

Herr, ich brauche Deine Hilfe, ich finde nicht mehr heraus aus dem Elend, aus der Traurigkeit, aus der Lähmung.

Doch Du sagst zu mir: dass ich bete, dass ich mein Leid hinaus schreie, dass ich fassungslos zu Dir aufschaue: das wäre schon der Beginn einer neuen Hoffnung. Daher werde ich nicht aufhören zu Dir innerlich zu schreien, bis Du Dich meiner erbarmst und mir ein wenig Trost und Hoffnung schenkst. Du vermagst alle Wunder. Hilf mir. Amen.

Beim Tod eines nahen Angehörigen eines Ungläubigen (es wäre gut, auf Gebetsblättern eine männliche und eine weibliche Version anzubieten):

Mein Herr und mein Gott,
jemand, der mir sehr sehr nahe stand, ist nicht mehr.
Ich begreife es nicht.
Den ganzen Tag denke ich bei alltäglichen Kleinigkeiten, er/sie ist noch neben mir.
Es ist furchtbar.
Alles ist so leer, so anders, so zerstört.
Es ist nicht mehr das vertraute Leben, das ich kenne.
Ich erschrecke jedes mal, wenn ich merke:
ich habe mich geirrt, da ist niemand mehr.
Mein Herz will schreien,
meine Augen sind vom Weinen rot.
Ich weiß einfach nicht mehr,
wie ich ohne ihn/ihr weiterleben soll.
Ich sehe kein Licht,
nur entsetzliche Leere und Traurigkeit.
Ich habe schon lange aufgehört, an ein Leben nach dem Tode zu glauben.
Wie könnte ich in unserer heutigen Zeit denn daran glauben?
Wäre das nicht nur ein schöner Wunschtraum, eine Illusion, eine Täuschung?
Und doch würde mir diese Vorstellung so gut tun.
Darf ich darauf hoffen? Bin ich noch „bei Trost"?
Viele Menschen glauben auch, dass ein Verstorbener sie immer

noch sieht, sogar, dass man Kontakt mit ihm aufnehmen kann.

Ach, wäre das doch wahr.

Früher glaubte ich an einen Himmel und einen bärtigen Gottvater, der auf Wolken saß, zusammen mit Engeln.

Zu gläubigen Erwachsenen sagt man, das ist nur ein Bild für die weite Offenheit, die Ewigkeit des Lebens nach dem Tode, aber es wäre für uns hier nicht wirklich zu begreifen.

Ja, begreifen kann ich gerade wirklich nichts.

Es ist schon hier auf Erden so, als wäre ich durch seinen/ihren Tod in eine fremde Welt versetzt worden, eine Welt der Hoffnungslosigkeit, der Einsamkeit, der Sinnlosigkeit. Alles ist so anders.

Und jetzt bin ich hier, und bete zu Dir, erzähle Dir von meinem entsetzlichen Zustand, in dem ich meine, mich aufzulösen.

Und ich fühle mich noch dazu lächerlich und komisch, weil ich hierher gekommen bin.

Was suche ich hier, wenn ich nicht an Dich, Gott, glaube?

Und doch spüre ich, dass die Atmosphäre und die Stille und Ruhe hier im Raum mir gut tun.

Irgendwie fühle ich hier einen Halt, spüre, dass dies nicht das Ende ist, nicht für mich – und – ich wage es kaum zu hoffen, nicht für meine/n geliebten/geliebte....

Wäre es wirklich denkbar, dass er/sie mir hier zusieht, dass er/sie meine Verzweiflung erkennen kann?

Hat er/sie mich womöglich hierher geführt?

Ich weiß es nicht, ich weiß nur, dass ich hier ein ganz klein wenig aufatmen kann, dass ich ein wenig ruhiger werde.

Gott, wenn Du mich wirklich siehst, dann wirst Du mich vielleicht jetzt auslachen:

Ich bitte Dich, hilf mir, dass meine Trauer mich nicht verschlingt.

Und nimm vor allem, das ist mir das Wichtigste, nimm vor allem meinen geliebten.../meine geliebte... wohlwollend bei Dir in Deinem „Himmelreich" auf.

Ich weiß nicht, wie das aussehen könnte – aber man sagt doch, dass man dort glücklich, glückselig wäre.

Ich wünschte es ihm/ihr so sehr.

Nimm ihn/sie zu Dir, schenke ihm/ihr das Glück, von dem die Kirchen sprechen.

Und lass auch mich ahnen, dass er/sie noch bei mir ist im Geiste.

Schon eine leise Ahnung, dass er/sie mich sehen kann, schon diese wäre mir ein so großer Trost, ich muss es nicht sicher wissen. Ich wäre dankbar dafür.

Ich werde jetzt schweigen und in mich lauschen, ob ich ihn/sie in mir noch spüren kann, nicht nur als Leere, sondern in irgendwie gegenwärtiger Weise. Fast meine ich, das wäre möglich.

Herr, ich danke Dir, dass ich so offen zu Dir beten darf.

Vielleicht werde ich mich, wenn meine Trauer übermächtig zu werden droht, doch öfters Dir zuwenden, auch zu Hause.

Ich danke Dir, oh Herr und Gott, es geht mir tatsächlich schon ein wenig besser. Vielleicht gibt es Dich ja doch....

Bei Angst vor Umweltzerstörung:

Herr, ich befürchte, dass wir unsere Lebensgrundlagen zerstören. Aber immer mehr begreife ich, dass Lösungen nicht einfach sind. Eine Weltbevölkerung muss ernährt werden, wirtschaftliche Zusammenhänge kann man nicht von heute auf morgen umstülpen, auch wenn man den Willen dazu hat.

Herr, hilf Du uns, Wege aus der Krise zu finden. Hilf Du uns, die Natur besser zu verstehen und sinnvoller mit ihr umzugehen. Hilf, dass der gute Wille vieler nicht zum Streit gegeneinander wird, weil jeder andere Vorstellungen hat, wie es besser gehen könnte.

Hilf uns, dass wir einander besser verstehen, dass wir die Geduld haben, dem anderen auch wirklich zuzuhören, hilf uns, gute Ideen zu haben, und diese auch überzeugend anderen vermitteln zu können, hilf uns aus unserer Ratlosigkeit, zeige uns Wege in eine gute Zukunft, lehre uns, die Natur angemessen zu verstehen, lass uns demütig werden vor Deiner Schöpfung, gib uns Herz und Verstand, auf die vielen schwierigen Fragen unserer Zeit Antworten und gute und gangbare Wege zu finden.

Du hast die Welt erschaffen, hilf uns, sie in ihrer Lebendigkeit und Vielfalt zu bewahren. Amen.

Zu Gräben zwischen Weltanschauungen:

Herr, früher hatte jede Kultur ihre Weltvorstellungen, die in der Gemeinschaft fast alle teilten. Heute leben Menschen mit den unterschiedlichsten Weltanschauungen dicht nebeneinander.

Hilf uns, dass wir nicht verständnislos auf andere Ansichten reagieren. Gib uns die Geduld zuzuhören, wenn wir noch nicht verstehen. Lass uns erkennen, dass auch in anderen Weltvorstellungen oft ganz ähnliche Wünsche und Hoffnungen stecken, wie ich und wir hier sie haben.

Lass uns verstehen, dass die Ursprünge für Weltvorstellungen und damit verbundene Werte oft über Jahrhunderte gewachsen und gereift sind, und dass sie in der Erziehung und von der umgebenden Gesellschaft weiter gegeben werden. Daher sind diese Vorstellungen tief verwurzelt und können nicht einfach von heute auf morgen sich ändern. Lass uns die tieferen Wurzeln der Weltbilder anderer Menschen verstehen. Und lass uns auch unsere eigene weltanschauliche Gebundenheit erkennen.

Lass uns großzügig werden, wenn andere die Dinge nicht so sehen, wie ich sie sehe. Jesus hat die Menschen verschiedenster Herkunft in ihrem Menschsein wahrgenommen. Hilf uns, dass auch wir den Menschen im anderen sehen, dass ich, obwohl er heute nicht und morgen nicht so sein wird wie ich, dass ich ihn dennoch genauso als Mensch mit Wünschen, Hoffnungen, Glauben, Plänen, geliebten Menschen, Sorgen, Beschwernissen und einer tiefen Sehnsucht nach dem Lebenssinn wahrnehmen kann.

Ich danke Dir für die Vielfalt des Lebens und will mich nicht richtend darüber erheben. Wir müssen staatlich eine Ordnung haben, aber wir müssen nicht persönlich andere verurteilen. Mache mein Herz weit und offen. Amen.

Bei Gefühlen der Sinnlosigkeit:

Oh Herr, ich weiß nicht, was mit mir nicht mehr stimmt. Ich habe keine wirklichen Probleme, ich habe ausreichend Geld, ich habe eine gute Familie, kenne Freunde, habe einen Partner/eine Partnerin, einen guten Arbeitsplatz, eine angenehme Wohnung, Zeit für Vergnügen und Reisen – was fehlt mir denn?

Ich bin unruhig und doch zugleich träge. Ich wage es kaum einzugestehen: aber ich langweile mich, ich langweile mich vielleicht schon viel länger, als es mir bewusst ist.

Oh Herr, ich suche eine Herausforderung, aber ich finde keine, die mir entspricht. Ich muss ja auch darauf achten, niemanden, der mir etwas bedeutet, zu enttäuschen, vor den Kopf zu stoßen.

Ich habe viel äußere Freiheiten, aber ich bin innerlich irgendwie unfrei, gelähmt, kannst Du das verstehen, oh mein Gott?

Ich jedenfalls bin ratlos und werde dabei immer träger und missmutiger. Ich werde schon gefragt, was denn mit mir los sei, aber ich traue es mir nicht, es offen zu beschreiben. Ist es nicht lächerlich, wenn es mir doch offensichtlich so gut geht und mich viele beneiden würden?

Und doch habe ich das Gefühl, in einen immer tieferen Abgrund zu rutschen. Ich weiß nicht mehr, wo ich mich festhalten kann. Die Welt um mich herum wird immer unwirklicher, ich werde zu einer Schablone, wenn ich mit andern spreche. Ich verstehe mich einfach selbst nicht mehr, oh Herr.

Kannst Du mir helfen, dass ich mich selbst wieder finde? Verstehst Du, was mit mir verkehrt ist? Du bist meine letzte Hoffnung. Sende mir ein wenig Licht, ein wenig Hoffnung, dass ich wieder zum wirklichen Leben zurück finde.

Mein Leben ist langweilig, steif und öde, aber ich weiß nicht, wie ich ausbrechen könnte, ohne andere tief zu verletzen.

Bitte, oh Herr, zeige mir den Weg aus diesem seltsamen Gefängnis, öffne mir die Türen und Fenster. Ich will niemanden vor den Kopf stoßen, aber ich muss in meinem Leben etwas verändern.

Schenke mir, oh Herr, ein Verstehen, ein Verstehen, aus dem heraus ich begreife, was ich verändern muss, was ich verändern darf, wie mein Leben wieder lebendig werden kann.

Oh Herr, ich danke Dir, dass ich mich Dir anvertrauen darf. Das tut mir gut. Und ich schöpfe leises Vertrauen, dass Du mir vielleicht in der nächsten Zeit tatsächlich Wege aufzeigst, für die ich derzeit blind bin, mit denen ich mein Leben verändern und wieder lebendiger werden kann. Öffne mir die Augen.

Ich danke Dir. Amen.

Bei schwerer Krankheit:

Oh mein Herr und mein Gott, ich bin nicht mehr ich selbst. Schmerzen zehren an mir, sie hören nicht mehr auf, sie halten mich gefangen.

Immer weniger kann ich selbst verrichten, mein Körper verliert immer mehr seine Fähigkeiten, ich bin verzweifelt.

Ich werde anderen zur Last, und bin doch undankbar, weil ich ihnen so hilflos ausgeliefert bin.

Ich bin mürrisch und ungerecht, ich beschwere mich über Kleinigkeiten, und ich weiß doch, ich müsste froh und dankbar für jede Hilfe sein.

Ich werde neidisch, wenn ich Freunde sehen, mit denen ich so vieles unternommen habe, so viel Spaß gehabt habe. Sie sind noch mehr oder weniger gesund, sie sind älter geworden, aber sie sehen sich immer noch, um in ihrem Leben Vergnügen zu haben.

Aber ich liege hier im Bett, die Muster der Zimmerdecke kenne ich in- und auswendig, das Radio- und Fernsehprogramm ödet mich inzwischen an, das Essen schmeckt mir kaum mehr.

Die Besorgnis meiner Liebsten, oh Herr, macht mich verrückt. Sehen sie nicht, dass sie mich damit nur noch mehr belasten? Aber manchmal sehen sie wiederum die einfachsten Bedürfnisse, die ich habe, nicht. Und immer, immer wieder muss ich sie bitten, um dies und um jenes. Ich bin dessen so müde, es fällt mir immer schwerer zu sagen: „Könntest du bitte einmal...“

Die Schmerzen machen mich wahnsinnig, sie lassen mir keine Pause, auch nachts kann ich nicht mehr gut schlafen. Meine Welt ist auch ein Gefängnis der Schmerzen.

Kannst Du, oh Herr, nicht machen, dass es aufhört?!

Ich bin müde und möchte doch schreien zu Dir.

Doch manchmal, wenn ich zu Dir rufe, dann spüre ich ein klein wenig eine Erleichterung, es wird alles nicht mehr so wichtig, ich fühle mich nicht mehr ganz so alleine, ich finde wieder ein bisschen Hoffnung, dass es auch wieder schöne Momente geben könnte.

Lass mich nicht verzweifeln, hilf mir, Du meine letzte Hoffnung, und sei es nur, dass ich diese Schmerzen, diese demütigende Situation und die Aussichtslosigkeit besser ertragen kann. Amen.

Bei Internet-Sucht:

Oh mein Gott, was ist aus mir geworden!
Ich will es mir selbst nicht zugeben,
aber ich bin süchtig auf das Internet und das Handy.
Gleich nach dem Aufstehen checke ich, ob es persönliche Nachrichten gibt, oder ob auf Beiträge von mir geantwortet wurde.
Beim Frühstück lese ich Internet-Nachrichten.

44

In der Arbeit schaue ich immer wieder in mein Handy, antworte auch auf Nachrichten, und hoffe, dass es niemand merkt, wie oft ich das mache.

Mein Chef hat mich schon einmal darauf angesprochen – ich kann es trotzdem nicht lassen.

Auf dem Arbeitsweg laufe ich mit Handy und Kopfhörer durch die Stadt. Ich bekomme nicht mehr viel von meiner Umgebung mit, will es auch gar nicht mehr.

Allmählich verliere ich meine Freunde, denn ich höre ihnen nicht mehr richtig zu.

Oh Herr, ich habe gedacht, ich könnte jederzeit eine Pause machen.

Aber als ich es versucht habe, hatte ich jeden Tag Ausreden. Ich habe es nicht einmal geschafft, das Handy einen halben Tag nicht anzuschauen.

Mein Leben spielt sich größtenteils nur noch im Internet ab.

Dort finde ich „Freunde", die die gleichen Ansichten haben, wie ich,

dort finde ich Nachrichten, die aufregend zu sein scheinen.

Meine tatsächliche nicht-virtuelle Umwelt, sie ist mir öde, lästig und langweilig geworden.

Es kommt mir vor, als hätten die meisten Menschen unerträgliche Ansichten – bin ich doch gewöhnt, dass alle im Internet, die ich dort kennen gelernt habe, die Dinge so sehen wie ich.

Allmählich wird es mir aber auch im Internet langweilig.

Es ist öde, sich immer um die gleichen Meinungen zu drehen, die gleiche Art reißerischer, doofer Nachrichten zu lesen.

Aber ich finde nicht mehr den Weg in die wirkliche Welt.

Wenn ich das Handy ausschalte, fühle ich mich leer, nichts scheint mir mehr Freude zu machen, und ich habe Angst, in der virtuellen Welt etwas zu versäumen, wenn ich auch nicht weiß, was es wäre.

Die Leere und Sinnlosigkeit, die ich ohne Handy empfinde, die kann ich nicht ertragen.

Oh Herr, kannst Du mich verstehen?

Wer bist Du, oh Herr, eigentlich? Kann ich mit Dir sprechen, siehst Du mich überhaupt? Wirst Du antworten?

Ich will nicht von einer Abhängigkeit in die nächste, in eine religiöse Abhängigkeit rutschen.

Oh Herr, hilf mir Dich zu verstehen, ohne schreckliche Angst vor Dir zu haben.

Ich spüre, wenn es eine Hilfe für mich gibt,
dann kannst nur Du mir helfen.
Nur Du in Deiner Größe hast das Vermögen,
mir ins Herz zu schauen,
die Leere zu erkennen, ohne zu erschrecken und Dich abzuwenden
– die Leere, die ich sonst niemanden zeigen will,
und vielleicht hilfst Du mir dann, langsam wieder lebendig zu werden, so dass die Leere schwindet und neuem, wirklichem Leben Platz macht.
Ich habe niemanden, dem ich mich anvertrauen kann.
Aber vielleicht bist Du meine Rettung.
Ich hoffe auf Dich.
Bitte hilf mir.
Amen.

Verzweiflung an der Institution Kirche:

Oh mein Herr und Gott, ich verzweifle an der Institution der Kirche.
Die Entscheidungen und manche Aussagen der Kirche kann ich immer weniger verstehen.
Auch meine Beziehung zu Dir, mein Gott, wird allmählich in meinen Widerwillen mit hineingezogen.
Dabei möchte ich doch an Dich glauben können. Aber mein Glaube verdüstert sich mehr und mehr.
Immer mehr sehe ich mit meiner eingeschränkten Sicht in der Kirche nur alte Männer, die an der Macht hängen und an ihren alten Gewohnheiten.
Oh mein Herr und mein Gott, bitte öffne mir die Augen wieder für das Wunderbare am Glauben und an der Kirche.
Wenn es schon die Kirche nicht mehr schafft, mein Herz zu erreichen,
bitte bleib mir nahe, lass mich nicht ganz verzweifeln.
Vielleicht kannst Du mir ja auch helfen,
die guten Seiten an der Kirche wieder oder neu zu entdecken.
Ich alleine schaffe es nicht.
Ich habe mich jahrelang bemüht.
Aber jetzt kann ich es nicht mehr.
Doch ich weiß, dass unser menschliches Verstehen eng und klein-

lich ist.

Auch werden wir von außen beeinflusst, von Familie, Freunden, in der Arbeit und von den Medien.

Ist meine Ansicht wirklich nur ganz meine eigene Ansicht, oder bin ich im Strom der allgemeinen Mehrheitsmeinung gefangen? Und weiß ich überhaupt genug über die Kirche, oder kenne ich nur kleine Ausschnitte? Und wäre mein Bild freundlicher oder noch düsterer, wenn ich mehr wüsste?

Oh Herr, ich weiß es nicht.

Doch noch immer glaube ich an Deine Weisheit, an Deine Güte und an Deine Offenheit.

Daher bitte ich,

zeige mir, welchen Weg ich gehen soll.

Zeige mir, ob ich mich von der Kirche abwenden soll,

und Dich außerhalb der Kirche suchen soll,

oder zeige mir die guten Seiten der Kirche, für die ich vielleicht blind bin, so dass ich wieder Gründe finde, dabei zu bleiben.

Herr, in Deine Hände lege ich meinen Glauben.

Hilf mir, dass ich Dich nicht verliere.

Ich brauche Dich.

Nur Du kannst mir den rechten Weg weisen.

Ich vertraue mich Dir an.

Amen.

Gebet bei starken Schuldgefühlen:

Oh mein Herr und mein Gott,

ich habe gesündigt, ich habe Schuld auf mich geladen.

Es fällt mir nicht leicht, dies einzugestehen,

doch es ist nicht von der Hand zu weisen,

ich habe mich schuldig gemacht.

Ich werde versuchen, so weit es geht, etwas wieder gut zu machen – aber es wird mir nicht ganz gelingen können. Die Schuld bleibt an mir haften.

Zerknirscht bin ich, ich weiß nicht, wie ich mit dem Gedanken an die Schuld umgehen soll.

Das Leben muss weiter gehen, ich werde die Schuld tragen müssen.

Ich werde anderen ins Gesicht blicken müssen, die unter den Folgen meiner Schuld leiden.

Ich werde es ertragen müssen, und ich darf nicht andere dafür verantwortlich machen: ich war es, und keiner sonst.

Doch Du, mein Herr und mein Gott: kannst Du mir wenigstens verzeihen?

Ich bereue zutiefst, was ich getan habe.

Ich bitte, vergib mir.

Und ich will lernen aus meiner Schuld – wenigstens das.

Ich hoffe, den gleichen Fehler nie mehr wieder zu machen.

Aber das reicht nicht.

Ich werde mir immer wieder bewusst machen, dass ich schuldig geworden bin, dass ich kein perfekter Mensch bin, kein Heiliger.

Und ich werde daraus lernen und mich immer wieder daran erinnern, wenn ich in Versuchung gerate, andere Menschen zu verurteilen: wegen irgendeinem Vergehen, einer Schuld, einer Charakterschwäche oder was auch immer.

Natürlich kann ich nicht immer alles akzeptieren, was andere tun, denken oder sagen – aber ich werde versuchen zu lernen, dass ich nicht den Menschen, sondern nur eine falsche Tat, eine falsche Meinung, oder eine Schwäche verurteile, aber niemals den ganzen Menschen als solchen.

In meiner Schuld, oh Herr, hast Du mir gezeigt, dass ich nicht besser und anders bin als andere Menschen.

Wir alle werden früher oder später schuldig, manchmal merken wir es nicht einmal.

Ich bin keine Ausnahme, ich bin nicht besser.

Wir alle sind auf Dein Erbarmen angewiesen.

Herr, sei gnädig mit mir, sieh meine Schuld, aber verurteile mich nicht endgültig.

Ich vertraue mich Dir an, damit ich meine Schuld ehrlich zugeben kann, aber nicht an ihr verzweifle. Bitte sei barmherzig mit mir.

Ich spüre, dass ich mich Dir zeigen kann, wie ich bin. Du kennst mich sowieso. Alles Leugnen hätte keinen Sinn.

Ich fühle, dass Du bei mir bleibst, dass Du mich liebst, obwohl ich Schuld auf mich geladen habe.

Ich staune vor der Größe und Barmherzigkeit Deines Herzens und bin dankbar und erleichtert, dass Du mich immer noch annimmst.

Amen.

Beispiele für Gebete: Gebete zu Maria – und warum sie vielen vielleicht leichter fallen

Ich vermute, dass Menschen, die Kirche und Glauben ferner stehen, dass diesen Menschen das Gebet zur Hl. Maria manchmal leichter fallen könnte als zu Gottvater oder zum Gottessohn. Maria ist nicht so allmächtig, sie ist nicht so fremd wie Gott, aber auch nicht so unverständlich wie ein Gottessohn. Sie hat selbst nie gestraft, oder hat niemanden Sünden vorgeworfen, sie ist mütterlich und demütig. Sie droht nicht, sondern sie ist dafür bekannt, zu helfen, bzw. bei Gott um Hilfe für jemanden zu bitten. Wobei für Menschen, denen das Christentum schon ziemlich fremd ist, die Unterscheidung zwischen: Maria hilft, und Maria als Fürsprecherin, wahrscheinlich erst einmal zu kompliziert ist. Aber Maria könnte das Vertrauen vieler gewinnen, die der Kirche misstrauen, und für die der allmächtige Gott noch unheimlich und befremdend ist. Maria gegenüber dürfte es vielen leichter fallen, Schwächen einzugestehen, Ängste zu äußern und um Hilfe zu bitten. Sie könnte eine Glaubensbrücke sein, dort, wo vielen der Weg zum Glauben noch befremdlich erscheint.

Gebet zu Maria bei Armut mit Kindern:

Oh Heilige Maria,
ich bitte Dich für mich und meine Kinder.
Oft weiß ich am Monatsende nicht mehr,
was ich noch halbwegs Gesundes zum Essen einkaufen kann.
Meine Kinder haben schäbige Kleider,
sie haben keine Handys,
sie haben kein modernes Spielzeug.
Von ihren Mitschülern werden sie ausgelacht,
kaum einer spielt mit ihnen.
Oh Maria, ich denke, meine Kinder hätten es besser verdient.
Wir wagen es nicht, andere Kinder einzuladen,
da es bei uns eng und schäbig aussieht.
Es ist immer ein tiefer Stich in mein Herz,
wenn ich die traurigen Blicke meiner Kinder bemerke,
wenn sie anderen beim Spielen zuschauen müssen,

wenn sie in der Schule die teuren Handys der Mitschüler sehen,
wenn wir am Flohmarkt schäbige Kleider kaufen.
Es ist, als würde mich ein Schwert durchbohren,
ich schäme mich so sehr und leide mit meinen Kindern.
Oh Maria, wie soll es weiter gehen?
Ich arbeite viel,
aber mein Lohn ist niedrig.
Und unsere Miete ist hoch.
Ich habe Angst, morgen die Miete nicht mehr zahlen zu können.
Es gibt viel zu wenige Sozialwohnungen – wo würden wir dann leben?
Es tut so weh, den Kindern so viel vorenthalten zu müssen.
Sie sind tapfer, aber es fällt ihnen schwer.
Aber noch schlimmer wäre, wenn ich ihnen morgen sagen müsste,
wir müssten auf der Straße oder in einer Obdachlosen-Unterkunft
leben.
Das glaube ich, könnte ich nicht mehr ertragen.
Oh Maria, bitte hilf mir. Irgendwie.
Du bist doch auch eine Mutter,
verstehst Du mich?
Dein Sohn wurde auch verspottet und sogar grausam getötet.
Du weißt bestimmt, wie es einer Mutter geht, die ihre Kinder leiden sieht.
Meine Kinder haben es immer noch leichter, als Dein Sohn,
aber ich könnte dennoch ständig weinen,
wenn ich sehe, wie schwer sie es unter den anderen haben.
Oh Heilige Mutter Maria, ich weiß nicht, wie Du mir helfen
kannst,
ich weiß nicht, was ich besser machen könnte.
Ständig habe ich das Gefühl,
nicht gut genug für die Kinder zu sein,
aber ich weiß nicht, was ich ändern könnte.
Ach Heilige Mutter Maria,
gib mir wenigstens ein wenig Hoffnung,
bitte bei Gott für mich,
dass ich mehr Vertrauen in die Zukunft bekomme,
dass ich nicht mehr nur das Elend meiner Kinder sehe,
sondern erkenne, dass sie trotzdem wunderbare Menschen sind.
Und bitte für meine Kinder, dass sie trotzdem lebensfroh sein können,

dass sie spüren dürfen, dass auch sie wertvolle Menschen sind.
Hilf mir durch Gottes Hilfe, dass ich mich selbst wieder ein wenig achten kann,
hilf uns, dass ich nicht immer nur eine verzweifelte Mutter für meine Kinder bin.
Oh Mutter Maria, ich bin so froh,
dass ich Dir das alles erzählen kann.
Ich spüre, dass Dein Zuhören mir schon ein wenig hilft.
Ich werde öfter zu Dir beten,
Oh Maria, bitte für uns.
Ich danke Dir. Amen.

Gebet zu Maria um Glauben:

Maria, ich weiß nicht, wie ich Dich anreden soll.
Mir ist all das mit Gott, Jesus, dem Heiligen Geist und Dir so fremd,
und die Kirche kommt mir so modrig und starr vor.
Aber ich fühle mich immer öfter innerlich so leer.
Und dann muss ich manchmal an unsere Kirche denken,
in ihr gibt es eine Nische mit vielen Kerzen,
darin steht eine Skulptur von Dir mit Deinem Kind Jesus.
Und dort fühle mich irgendwie geborgen,
wenn ich dort verweile,
dann bin ich nicht mehr so leer und innerlich wie tot.
Dann bewegt sich etwas in meinem Herzen,
als wollte dort etwas erwachen, sich öffnen.
Maria, ich weiß nicht, was es ist.
Ist es ein Funken Glauben?
Nie konnte ich all das seltsame Gerede der Kirchen glauben.
Ich war stolz, anders und freier zu sein.
Oh Maria, kann es sein, dass mir dabei doch etwas fehlt?
Warum fühle ich mich bei Dir so gut, auch wenn ich an Dich den-
ke – obwohl ich fast nichts von Dir weiß?
Schon öfters habe ich vor Dir in der Kirche eine Kerze entzündet.
Hast Du es gesehen? Kannst Du mich sehen?
Irgendwie fühlt es sich an, als ob Du mich wirklich wahrnimmst,
mich, wie ich ganz innen drin bin.
Darf ich Dir vertrauen,

darf ich Dir, Maria, all meine Sorgen und Ängste anvertrauen,
wie es offenbar sehr viele Menschen tun?
Zu Gott habe ich keine Beziehung.
Er ist mir fremd, unverständlich und ein wenig unheimlich.
Er wirkt für mich so übermächtig, dass es mir scheint, unter seinem Blick würde ich ganz verschwinden.
Aber Du Maria, zu Dir habe ich inzwischen ein wenig Vertrauen,
Du bist ja eine von uns,
Du bist ein normaler Mensch,
Du bist mir nicht fremd,
auch wenn ich Dich nie getroffen habe,
weil Du vor 2.000 Jahren gelebt hast.
Wie seltsam,
es kommt mir vor,
als wärest Du tatsächlich neben mir anwesend,
als würdest Du mir geduldig und verständnisvoll zuhören.
Oh Maria,
vielleicht möchte ich glauben können.
Ich weiß es nicht.
Und ich weiß noch weniger,
was ich dann eigentlich genau glauben müsste.
Was ist, wenn ich glauben möchte, aber manches nicht glauben kann?
Wenn ich an Dich denke, und mit Dir rede,
dann habe ich ein Gefühl von Offenheit,
und zugleich von Geborgenheit.
Ich spüre,
dass sich irgendwie die Fragen des Glaubens
mit Deiner Hilfe lösen lassen.
Vielleicht muss ich gar nicht alles glauben,
vielleicht kann ich mir auch Zeit lassen,
ganz langsam mich dem Glauben an Gott zu nähern,
ganz langsam herauszufinden,
was kann ich annehmen,
was muss ich ablehnen, weil es für mich Lüge wäre, wenn ich es bejahen würde.
Oh Maria, bei Dir spüre ich eine verständnisvolle Nähe, fühle mich von Dir angenommen,
mit all meinen Zweifeln,
mit all meiner Zerrissenheit,

mit all meinem Unglauben.
Oh Maria,
ich werde mich Dir öfter zuwenden,
ich werde Dich bitten, mir zu helfen,
meine Seele besser zu verstehen.
Und wenn ich dann eines Tages fest an Gott glauben sollte,
dann werde ich mich nicht dagegen wehren.
Liebe Mutter Maria, ich bin ein Suchender,
und ich spüre: bei Dir finde ich gütige Weisheit.
Bitte bleibe mir nahe.
Amen.

Beispiele für Gebete: Dank-Gebete

Dank bei einem überraschenden freudvollen Ereignis:

Oh mein Herr und Gott,
ich bin so glücklich! Ich hätte niemals eine solche Freude erwartet.
Doch man sollte die Hoffnung auf Erstaunliches nie aufgeben!
Ich danke Dir aus ganzem Herzen!
Amen

Dank für das Dasein und Lobpreis der Schöpfung:

Nebenbei bemerkt: unter dem Titel: „Wunder der Schöpfung"
habe ich staunende Lobpreis-Gebete veröffentlicht.

Oh Herr, wie wunderbar hast Du die Schöpfung gestaltet. Vielfäl-
tig ist sie, sowohl in Landschaften, Pflanzen, Tieren und ebenso in
den unterschiedlichsten Menschen.
Immer wieder entdecke ich Neues, Wunderbares.
Und wenn die Sonne scheint, genieße ich ihre Strahlen, die von so
unvorstellbar weit aus dem All bis auf meine Haut kommen.
Ich freue mich über die gute Luft, die ich mit jedem Atemzug ein-
und ausatme. Wie viele Pflanzen hast Du dafür wachsen lassen,
damit ich diese frische, sauerstoffreiche Luft atmen kann, die die
Pflanzen immer wieder neu bereiten!

Ich bin dankbar für alles, was mir als Nahrung dient, ob Tier, ob Pflanze, und was mir auf diese Weise die Energie zum Leben schenkt. Es sind ja am Anfang immer die Pflanzen, die diese Energie aus der Sonne aufnehmen und sie an Tier und Mensch weitergeben.

In jeder Pflanze und in jedem Tier und genauso in mir ist dieses Licht der Sonne, das mir Kraft gibt zum Leben. Und das Licht ist Dein Schöpfungswerk.

Ich danke Dir für all das, und ich freue mich Tag für Tag über Deine wunderbare Schöpfung. Ich freue mich, dass ich geboren bin und das Dasein erleben darf.

Wunderbar, oh Herr, sind Deine Werke.

Lobpreis sei Dir am Morgen, am Mittag und am Abend. Amen.

Dank für Hilfe in der Not:

Herr, ich danke Dir.
Vor wenigen Tagen noch sah ich keinen Weg, wusste ich nicht, wie es weitergehen sollte.
Ich betete verzweifelt zu Dir.
Und Du hast mein Herz beruhigt.
Ich konnte wieder klarer überlegen.
Ich konnte wieder hinschauen, auf die Dinge, wie sind.
Ich habe immer noch ein wenig Angst,
aber sie überwältigt mich nicht mehr.
Ich spüre Deine Nähe,
und das macht mich ruhiger, gibt mir Hoffnung,
wo ich zuvor keine Hoffnung mehr sehen konnte,
ich war blind vor Angst,
aber Du hast mir die Augen geöffnet.
Jetzt sehe ich den Weg.
Er wird nicht leicht werden.
Aber ich kann ihn gehen.
Ich werde ihn gehen.
Mit Deiner Hilfe.
Ich danke Dir von ganzem Herzen.
Und ich werde immer wieder zu Dir kommen,
wenn ich nicht weiter weiß.
Du hast klärenden Einfluss auf meine Seele, wenn ich mich öffne.

Du weist ihr den Weg.
Mit Dir finde ich die richtigen Entscheidungen,
mit Dir wird es gut werden.
Danke.
Amen.

Dank für Hilfe nach einem Gebet:

Oh Herr, ich habe Dich angerufen,
als ich nicht mehr weiter wusste.
Alles sah so düster aus,
alles schien ein böses Ende zu nehmen.
Nur noch Dir konnte ich mich anvertrauen.
Ohne große Hoffnung auf eine Lösung
kam ich mit meinen Gebeten zu Dir.
Doch nicht viel später,
da ereignete sich etwas, das mir einen Lichtschimmer gab.
War es von Dir gesandt?
Ich ergriff diese Gelegenheit,
obwohl ich immer noch kaum Hoffnung hatte.
Doch dann, zu meinem eigenen Erstaunen,
eröffneten sich neue Möglichkeiten,
und ich fand den Mut,
den ich eigentlich schon lange nicht mehr hatte,
diese Gelegenheiten zu ergreifen.
Fast möchte ich sagen: „Du wirst es kaum glauben", aber natürlich
weißt Du ja alles,
und ich vermute, Du bist es, der mir geholfen hat.
Meine Lage hat sich tatsächlich sehr verändert,
auf eine Weise, wie ich es nicht für möglich hielt:
es geht mir viel besser,
ich sehe neue Möglichkeiten vor mir,
ich habe wieder Freude am Leben und
ich pflege wieder Kontakte.
Ich bin wieder ein ganz normaler Mensch,
der das Leben mit seinen Höhen und Tiefen genießt.
Das Schwere, scheinbar Unlösbare, hast Du von mir genommen.
Oh Herr, ich danke Dir so sehr dafür.
Groß und mächtig bist Du,

und schaust doch auf mich einzelnen, winzigen Menschen.
Dir vertraue ich,
Dir lege ich mein Leben gerne zu Füssen,
Du bist mein Anker und meine Rettung in der Not.
Wie froh bin ich,
Dich zu kennen,
und Dir im Geiste nahe sein zu können.
Danke.
Amen.

Meditatives Beten

Zur Ruhe kommen:

Dort wo Pünktchen stehen, kann der Betende kurz innehalten, dort, wo „Innehalten" steht, etwas länger. Es ist aber kein „Muss" sondern es ist ein Hinweis für eine Möglichkeit. Das Gebet kann beliebig oft wiederholt werden.

Ich werde still.
…........
Ich öffne mich Dir.
…........
Ich atme in Dir.
….. „Innehalten".....
Ich bin still.
…........
Nahe bin ich bei Dir.
…........
Geborgen bin ich in Dir.
…. „Innehalten" ….
Mein Herz wird ruhig.
…........
Ich lasse los, gebe mich in Deine Hand.
…........
Geborgen in Dir.